李白诗传

醉到极致是孤独

精装畅销典藏版

孟语嫣——著

时事出版社
·北京·

图书在版编目(CIP)数据

李白诗传:醉到极致是孤独 / 孟语嫣著.—北京:时事出版社,2019.5(2021.7 重印)

ISBN 978-7-80232-922-5

Ⅰ.①李… Ⅱ.①孟… Ⅲ.①李白(701-762)-传记 Ⅳ.① K825.6

中国版本图书馆 CIP 数据核字(2019)第041208 号

出 版 发 行:时事出版社
地 址:北京市海淀区万寿寺甲 2 号
邮 编:100081
发 行 热 线:(010)88547590 88547591
读者服务部:(010)88547595
传 真:(010)88547592
电 子 邮 箱:shishichubanshe@sina.com
网 址:www.shishishe.com
印 刷:大厂回族自治县德诚印务有限公司

开本:880×1230 1/32 印张:8 字数:133 千字
2019 年 5 月第 1 版 2021 年 7 月第 2 次印刷
定价:40.00 元

序言

在众多的诗人之中，没有哪位诗人比李白更让人着迷。

他迷恋仕途，又追求自由；他渴求官禄，又鄙夷权贵；他纵横官场，又侠游八方。“人生得意须尽欢，莫使金樽空对月。”或许才是对李白当时人生的最好概括。

年少时候，他一介陇西布衣，流落楚汉，才华卓越，好求仙访道，同时又极想建功立业，一展宏图。一方是超凡脱俗的隐士神仙，一方是辅弼君主的高官，这出世与入世之间的矛盾深深地在他的心中掣肘。

青年时期，一汪长江水将李白送到了远方。诗仙仗剑去国，辞亲远游，在朦朦江雾中渐行渐远，家乡的山峦渐渐隐没在身后，一叶扁舟将他送到了一个陌生而遥远的梦想中。不戚戚于贫贱，不汲汲于当世的荣禄仕宦，一代诗仙李白用实际行动彰显了青莲居士“谪仙人”的风采。

在不断求仕的路途中，李白越发感受到世事艰险，不忍发出“行路难，行路难，多歧路，今安在”的慨叹。纵然如此，心中的信念依然不灭，坚守着“长风破浪会有时，直挂云帆济沧海”的曙光。

然而，黑暗的官场对于李白来说，宛如步步充满荆棘。年近半百却突遭“赐金放还”之辱，李白不得不再次踏上远游之路，在行走的途中重新寻找自己的价值。亦正是在此时，高山流水遇知音，诗圣与诗仙的交游，才华交融的瞬间，碰撞出灿烂的火花。

陡然间，安史之乱犹如一枚惊雷，在李白的生命中炸响。兼济天下与独善其身的矛盾依然让他身陷生活的桎梏，无从抉择。应邀入幕，仕途辗转，而此时的李白已经时至暮年，“夜郎万里道，西上令人老”，每每回眸自身，不觉越发忧伤。

在游走世间的过程中，李白渐渐体会到真正的自由，也渐渐将生命放空到一种难得的纯粹状态。人生六十耳顺之年，参透了人生至理的李白猝然告别了尘世，留给人们无以计数的诗作名篇，同时也为读者打开了一个崭新的生命境界。

诗仙之诗，豪迈奔放，雄奇飘逸，瑰丽动人，具有别具一格的“笔落惊风雨，诗成泣鬼神”的特色。

他的一生一如他丰富的想象力，天马行空，无可阻挡……

李白，一倜傥风流才子，却引得高士名人为之倾倒。犹记得贵妃醉酒、力士脱靴的传说在历史的海潮中摇曳，从大雅之堂到街边僻巷，对于这位千古诗才，曾有无数人瞻仰、钦佩、膜拜、歌颂。从那些残存的文字传说中，隐约可见其旷达飘逸的风采。

面对来自四面八方的夸赞和崇拜，他不忘初衷，始终保持一份坦然自在。纵然一生荣辱无数，李白却未曾忘却追求自由的理想之境。李白的理想是大唐的理想，李白的悲剧也是属于大唐的。作为大唐历史上一颗难以磨灭的明星，李白以梦为马，以文字为长矛，指引着人们认识世界、审视自身。李白笔下的款款文字亦化为人们对自由生命的向往。

目录 CONTENTS

第一章

初出茅庐惊世

写诗作赋，李白是奇才，而舞刀弄剑，他同样是佼佼者。相传李白的剑术在当朝位列第二，魏万曾说他“少任侠，手刃数人”。他自幼就受到任侠精神的影响，身上常年佩剑，就这样，少年独自踏上了读书与行路的旅程。

第一节

迷离身世难辨

在中国古代士子的心中，家世背景似乎成为身份地位的一种象征，出生于王侯将相家族的人，自然以此为荣并大加利用和宣扬，而出身贫寒微贱的，自然喜欢追根溯源，力求在过往的历史中，与某个华丽而庞大的家族扯上些许关系。

这种习惯自古有之，到了唐代更甚，就连超然洒脱的李白也不例外，他曾多次暗示过自己和大唐的天子有着宗亲关系。所以，一切还得从李白族叔留下的《草堂集序》说起。

据史料记载，李白本是西凉国创建人武昭王的九世孙，相传武昭王居住在陇西（今甘肃省泰安市），所以李白的祖籍便在这里了。

平静的日子并没有维持多久，因祖先犯了罪，李白的父亲李客和族亲们开始了背井离乡的流离生活。一路上，他们流浪他乡，隐姓埋名，风餐露宿，一度流落到西域，客居在一个叫碎叶的小镇上（近今吉尔吉斯斯坦北部托克马克附近）。

唐武后长安元年（公元 701 年），一个婴孩在碎叶呱呱坠地了。在他出生前，其母梦见一颗长庚星坠入自己怀中。后来，妻子将梦境告诉了丈夫李客，李客依梦所托，给新出生的婴孩取名“白”，字“太白”。

李客当时怎么也不会想到，自己为第十二个孩子亲自起的名字，会光照千秋。时光飞逝，转眼间，李白已四岁。在众多民族杂居的碎叶安居数年之后，直到唐中宗神龙元年（公元 705 年），江山易主，李客觉得祖先犯的罪早已威胁不到自己的性命安全了，便决定扶老携幼带着全族人马东归。是的，他们即将启程，离开这个天寒地冻、草木稀缺、人衣毡褐的边疆小镇。而这里，也完全不具备孕育一代奇才的人文条件，历史青睐了李白，这年，他还不到五岁。

李白由此跟随父亲开始了他人生的第一次漫游。此后，他大半生都在漂游。如果说，碎叶是他的出生地，是他的第一故乡，那么“漂游”的状态便可幻化为李白独特的人生象征。

他历经跋涉，穿过蔼蔼雪原、万里黄沙和茫茫戈壁，伴着萧萧的马鸣与阵阵驼铃声，他行走在月光下，行走在风雨里，行走在日出前。就这样，年仅四岁的孩童跌跌撞撞地投向未来诗歌的国度。大唐的国门已向他敞开，他一旦踏入了，这扇门就没有人能关上。

当一行人来到西蜀绵州时（今四川省绵阳市），他们被当地淳朴的民风和绝美的景色深深打动了，随即在青莲乡定居下来，并且恢复了李家的姓氏。历史的偶然对李白却有着重大意义，后来，他自号“青莲居士”。

至此，李白的第一次远行结束了。正是因为有了早年这样极具张力的生活经历，才丰富了他的视野，造就了日后的诗仙。

定居后的生活很是隐逸而悠闲，曾经“不余一年，散金三十万”的家族历史早已随着历史的洪流烟消云散，但即使辉煌不复往昔，李白的家庭还是称得上阔绰的。他们先前去西域到底做过什么，我们早已不得而知。但正是这种历史的空白，留给后人更多的遐想。在诸多推测中，“经商说”的赞同者最多。

从李白“千金散尽还复来”这句诗中，不难看出他早年的生活虽然漂泊不定却也还算殷实。他的父亲常年赋闲在家，管教孩子们的读书生活，陪伴李白度过了一段安稳的年少时光。直到后来，李白还常常回忆起父亲带他一同诵读《子虚赋》的场景。李白，这位文坛奇葩和旷世奇才大概就是在这位神秘而高雅的乡间隐士的影响下启蒙的。

蜀中对李白来说，是馈赠，是梦境。这里有缥缈而空灵的山水，有清新可人的花鸟，自然风物带给他的是无与伦比的欢乐时光。

于他来说，故乡情早在他还是孩童之时就已扎根于心间。难怪在他后来的诗作中，多有关于巴山蜀水的篇章。也许，在他心里，对这片土地的热爱早已幻化成一种精神的巢穴，一种情感的寄托。

在这种根植心中的记忆里，也许最能拨动诗人心弦的，还是那漫坡渡中缓缓升起的皎皎明月和子规夜啼吧。难怪每当后人来到他生活过的漫坡渡，也会自然而然地为这旦贴上标签，那是属于李白飘渺唯美诗境的标签。

虽然李白出生在碎叶，但也许只有蜀中才能真正称之为故乡。他与他的兄弟姐妹在此成长，直到后来他去世之前，他最小的弟弟也依旧生活在这里。

蜀中的一切形成了一种独立而稳定的大气象，宗教的昌盛、文化的传承都在漫坡渡慢慢沉淀，在这种氛围和父亲的影响下，李白开始了文化之旅。他读透了经史子集，背过了相如诗赋，他学仙问道、习武练剑，他如鱼得水般在自由的天地和呼吸中成长着，他的人生才刚刚启程。

第二节

才学高超难敌

在李客的十二个孩子中，幼时的李白虽然不是最出众的那一个，但要说最特别，却非他莫属。每当母亲拿了糖果来分给大家，他的兄弟姐妹大多看也不看便丢进嘴里，随即便一脸满足地飞速跑开了。唯有李白用他胖乎乎的小手高高举起糖球，对准正午艳阳高照的日头，仰头看去，只见晶莹剔透的糖球恰好遮住了太阳，而阳光就仿佛是从那被照得透亮的糖球里散发出来的，“看！我手里有太阳!”李白高兴地欢呼道。

那墙头的爬山虎，墙角边的三叶草，四处觅食的毛毛虫，哪一样都能让李白出神似地看上好半天。这个世界对他来说就是缤纷多彩的乐园，他对耳目所及的一切都充满了莫名的难以言说的好奇。

他也的确不同于那些整天只顾着玩闹的同龄孩子，李白自从在父亲的引导下启蒙识字，就尤为热衷于坐在父亲的膝头读司马相如的《子虚赋》，里面华丽的辞藻、夸饰的语言像一双充满梦幻的手，托起了这个小小孩童最初的精神花园。

看那成千上万的文武百官，在君王的带领下整齐排列，每个人脸上都洋溢着肃穆亦兴奋的神情。汉家天子笔直地坐于马背之上，眉宇间闪烁着不怒自威的神情。远处的山峦间数不清的旌旗正迎风招展，想那面面旌旗之下，会不会有吊睛白额的猛虎，迅捷灵巧的白鹿穿梭其中。倏忽之间，只听得天地之间一声号令，千万飞骑绝尘而起，天子一骑当先，驰骋于这苍莽而生机勃勃的中土大地。幼年时代的李白也随之埋首在文学带给他的梦幻天地里不能自拔。

五岁发蒙识字，十岁通读《诗》、《书》，按照唐朝的科举制度，青年子弟们十年寒窗苦读，读的无非就是儒家经典、四书五经，为的是有朝一日金榜题名，为国效力。然而，对于少年时代的李白来说，考取功名从来不是他唯一的人生目标，那奇幻的文学世界如此宽广多彩，又怎能仅仅只是熟读儒家学说就能领略。他广搜杂学，旁征博引，“五岁诵六甲，十岁观百家”，“轩辕以来，颇得闻矣”（李白《上安州裴长史书》）。

少年时代的李白就像一块本来干瘪的海绵，强烈的好奇心和求知欲催促着他、引诱着他去疯狂地汲取着千百年来炎黄子孙们积淀下来的知识和力量。但试想一下，任凭海绵多么想吸饱水分，但若是被投到了沙漠之中又怎能如愿以偿。

说到这里，李白的父亲李客的万里东归不得不说是李白人生中第一次命运的垂青。清秀而宁静的巴山蜀水，似乎天然就是养育文人志士的一方沃土。陆游就曾有“此身合是诗人未？细雨骑驴入剑门。”（《剑门道中遇微雨》）的诗句。从碎叶到西蜀绵州的昌隆（今四川江油）的迁徙，给了他两种截然不同的人生体验。

碎叶所处的地域决定了它严寒的气候，冬季总是很长，近旁的山上也堆积着终年不化的积雪。那里的人们常年穿着厚厚的皮毛，浑身上下包裹得严严实实，甚至连面目也时常难以分清。相应的自然景色也很单调，不要提冬季铺天盖地的皑皑冰雪，就算是夏季，树木、湖泊的色调也多是黯淡的。

虽然李白在那里不过几年时间就随父东归，但那里严酷的自然状况依然给幼小的李白留下了那么一点可能他自己或许也不曾注意的痕迹。李白十多岁时曾做《拟恨赋》：

若乃项王虎斗，白日争辉。拔山力尽，盖世心违。闻楚歌之四合，知汉卒之重围。帐中剑舞，泣挫雄威。骓兮不逝，喑哑何归？……

昔者屈原既放，迁于湘流。心死旧楚，魂飞长楸。听江枫之嫋嫋，闻岭狖之啾啾。永埋骨于渌水，怨怀王之不收。……

此时的李白虽然年少，不曾经历世事，但赋中却不乏筋骨，读来自有一番壮志难抒的情怀。李白少时的家庭状况优渥，是什么使这个富贵人家的孩子在小小年龄就有了如此傲骨，除了经史子集的熏陶，幼时在寒冷的碎叶的成长经历，也给李白的诗歌发展打下了最初的基调。

而昌隆县则大为不同，群山的环抱虽然隔绝了巴蜀儿女与外界的来往，但也给他们提供了最为舒适的生存环境。巴蜀自古就有“天府之国”的称号，一方面因为适宜的人居环境，更为重要的却是“自由”二字。

在巴蜀之地，人们的思想开放而包容，各种各样的学说在这里汇集和传承，寻仙求道也好，考取功名也罢，没有人会认为你必须选择哪一条道路。若是勤奋劳作，自可做一个“晨兴理荒秽，带月荷锄归”的农夫；若是喜爱吟诗作对又不愿攀权附贵，自可结庐而居，做个整日啸傲于竹林的隐士。李白那些天马行空般的奇思异想也正是在这里得到了最充分的发挥。

碎叶和昌隆的滋养，父亲的教诲，加上李白自少年时代起饱读群书，让这个少年仿若被擦去蒙尘的明珠，绽放出明亮的光彩。但就算是天生美玉，不雕琢也不能成器，这时候，谁能给这位天才少年指引就变成了十分重要的事情。

李白少时曾被父亲送去眉州象耳山一位先生那里上学，先生的水平我们不得而知，但对于李白随心而行、放浪不羁的性格而言，过于规律化的读书生活实在不能引起他的兴趣，所以，那个时候的李白时常逃学，让父亲十分头疼，直到有一天家里来了一位父亲的友人。

这位友人自打偶然间看到李白的几篇游戏之作，惊叹之余，也对他产生了浓厚的兴趣，主动要求李客为他引见这个儿子。

李白最初见到这位客人时极不情愿，原本以为又要听到一大通的“之乎者也”。但这位客人却提都没提平常父亲和先生挂在嘴边的大道理，而是给他讲起了自己一路上的见闻，说那东都的繁华，说那京城的肃穆，说那奔涌不休的大江大河，说那青翠寂静的竹林。

李白本就好奇心重，客人这一番话，引起了他极大的兴趣。客人在青莲乡留了一个月，李白便在客人身边听了一个月。这一对忘年交，一个惊叹于少年的天赋才华，一个感慨于长辈的阅历丰富，两个人互为所需，常常一夜畅谈而忘了休息。

客人走时，郑重地对李白的父亲说，你的儿子并非池中之物，青莲乡是关不住他的，让他去外面的世界看看吧。李白也在心里暗暗地记下：“读万卷书，行万里路”，写在书本上的是别人的知识，而在路上学到的才是自己的东西。

第三节

好任侠，喜纵横

或许是因为出生在西域，也或许因为血管里可能流动着的那一半西域的血液，李白虽然自幼酷爱读书作文，却从来不是一介文弱书生。对于这位十来岁的少年来说，人生里无非两件大事，一件是读书，另一件就是练剑。在李白看来，读书可以用有限的时间饱览别人的人生，而练剑则可以让自己在人生路上走得更为广阔、潇洒。

其实对于李白来说，读书和练剑完全是相辅相成的两件事情，读书讲的是体悟，是意境；而对于剑术的修习来说，若是不能体悟而只是学其皮毛也是大忌，所以练剑需要读书，相对应的，读书也少不了练剑。李白从小就有一种任侠的情怀，诗书读得越多，心里面那么一股凛然正气就会越来越强，若是遇到不平之事而只能袖手旁观，心里的那股正气又怎能畅怀。

写诗作赋，李白是奇才；而舞刀弄剑，他同样是佼佼者。相传李白的剑术在当朝位列第二，魏万曾说他“少任侠，手刃数人”。自从上次与父亲的客人开怀畅谈，李白便对外面的世界有了一种强烈的探索欲，加上自幼就有的任侠精神的影响，李白带上自己常年的佩剑，独自踏上了读书与行路的旅程。

这位十八岁的少年第一次出门，游历的地方不远，也并不多，大部分是家乡周围的一些州县，然而，值得庆幸的是，李白在这次旅程中遇到了一位指明了他人生方向的重要的人物。

开元六年的初春时节，李白游历到了梓州，这次前来，不是为了欣赏名山大川，也不是为了看看人烟繁盛，而是为了一名隐者，这位隐者就是“严东子”，即赵蕤。

赵蕤，字太宾，在梓州县城外的长平山上结庐而居。

这位“赵处士”年轻的时候并不是如今这般遁世的人，赵蕤和许许多多的年轻人一样，怀抱着远大的理想，十年的苦读，只为了将自己所学所用尽数造福于天下百姓。但时运不济，数年的辛苦只换来一次次与成功的失之交臂，无奈，他只好退而转向山中专心著书立说。本以为就这样梅妻鹤子地了此余生也不失为另一种满足，但命运的安排总不是遂心如意。

原本对功名心灰意冷的赵蕤，得益于年轻时的广博阅历和饱览群书的功底，反倒在晚年时学有所成，名声大震，因此受到了朝廷的注意，多次被征召入京为官。年轻时的愿望尽然阴差阳错的在晚年得到了实现，但也许是因为过去的挫折，也许是因为单纯的对做学问的热爱，赵蕤拒绝了为官的邀请，继续潜心在深山之间探求自己学术造诣的一个又一个新的高峰。

李白听闻坊间流传的这位“赵处士”学识渊博、通贯古今，不是开口闭口科举进士的先生，而是一位纯粹的学者，这不就是他要寻找的人吗？山里的路难行，李白一人一剑，走起来却分外轻松，因为当时的李白虽然刚刚年满十八，却深深地明白，在这个世界上找到一位真正懂他、能够指引他的知己实在太难了。

山深难觅，李白在弯弯绕绕的山间小路前一筹莫展，不知前路在何方。正在沉思时，突然听到头上有鸟雀扑打翅膀的声音，抬头一望，只见上千只各式各样的鸟正聚集在山间的一处吃食，其中不乏喜鹊、鹦鹉、画眉、鸽子，它们你拍我打，热闹非常。李白很是诧异，定睛一看，鸟儿们聚集之地的旁边正好有一茅庐，当前一人，正是赵蕤。

原来，赵蕤酷爱豢养鸟类，不仅如此，在他的眼中，每一只鸟都是独特且唯一的，他给它们每一只都命了名，只要唤一声其中一只的名字，那只鸟儿便会扑棱棱飞到自己手中来吃食。看到这个景象，李白更加确定自己寻到的这位隐士必定是奇人异士。

而上天也没有辜负李白的期望，这位赵蕤与他一见如故，尽管两人年龄相差数十岁，却一点没有阻碍他们的交流。因为两人都有着共同的爱好，一个是读书，一个是习剑。赵蕤有了年轻时的教训，读书也不再仅仅局限于科举所包含的内容，而是博览群书。赵蕤惊奇地从这位后生的身上发现了自己年轻时的影子。

对于李白来说，赵蕤于他亦师亦友。他在长平山上与赵蕤相处的时光是令人难忘的，一老一少二人闲时吟诗作对，兴起之时击剑言欢，李白帮赵蕤豢养着山中数千只的鸟儿，而赵蕤则传授李白为人立身的学问。忘年交的二人似乎都像是为对方等待了这么许多年，尽管一个尚且青春年少，一个须发皆白，却都发自内心地为自己寻到知音而高兴。

一天，赵蕤和李白二人闲谈，说到科举，赵蕤问李白的想法。李白生性豪放不羁，又过惯了随心而行的日子，怎么会像寻常人家的子弟一样希望通过科举考取功名？听完了李白的话，赵蕤赞许地一笑，既笑这位年轻后生果然与自己情投意合，又笑年轻时的自己怎么就为了科举而耽搁了大好年华。

但是，李白虽然生性喜欢任侠纵横，但赵蕤又怎么看不出，无论多么向往自由，这个年轻人的身体里始终埋藏着一颗经世致用、一展雄才大略的野心，多么像年轻时的自己。赵蕤告诉李白，当朝能够走入仕途的方法除了科举，还有举荐和制举。举荐就是当朝凡五品以上官吏均可以直接向朝廷举荐贤才，制举则是圣上挑选非常之才的办法。

对于李白这匹千里马来说，现在能得到一位位高权重的伯乐的赏识该是多么重要。与赵蕤整日吟咏啸傲于竹林山水虽然潇洒惬意，但这小小的一方山水怎能容得下他心中的勃勃雄心。

李白看着自己的朋友赵蕤，发现这位长者的眼睛里闪烁着不舍但却包含鼓励的目光，是的，终于要出发了。天下那么大，形形色色的人那么多，但总有一天，所有人都注意到一位名叫李白的来自蜀中的青年，他绽放的光辉会让一个时代都为之侧目。

第四节

出蜀展诗才—— 一弯峨眉山月

离开了赵蕤，李白把自己“行万里路”的第一站定在了益州（今四川省一带）。开元八年（公元 720 年），李白二十岁，初游成都。

唐代的成都，作为益州的首府和西南地区的交通、交易枢纽，已经是一个人烟繁盛的大都市。根据史料记载，唐代时的长安共有一百多坊，分东西二市，而那时的成都亦有一百多坊，同样有东西二市。当时成都所出的蜀锦颜色鲜艳、花样繁复、质地润泽，从达官贵人到坊间闾里都深为喜爱。

所以平日里的成都除了当地居民以及旅人，还常年有大批来自周边地区的织工，他们聚集在锦里一带，日夜不休地织出美丽的蜀锦，从成都贩卖往当时的如长安、金陵、洛阳等各大城市。可以想象当时成都那车水马龙、商贩来往穿梭、热闹非常的景象一定不输于首都长安。

更重要的是，成都除了经济发达、百姓安居乐业，还拥有着绮丽的自然风光和历史气息浓厚的人文景观。二十岁的李白初游成都的经历，像是给他推开了一扇通往新世界的大门。

他看到了旧时司马相如的抚琴台、杨雄的故居草玄堂，还游历了诸葛亮的武侯祠，见证了千百年来依然造福一方水土的都江堰。前人的成功像是一盏明灯，永远悬在了李白人生路的前方，在他成功之时引导着他，失意之时激励着他不能停下脚步，要大踏步地前进。

其实，李白这次来到成都，除了“读万卷书，行万里路”，增长自己的见识和阅历外，更是为了一个重要的人，这人就是出任益州大都督府长史的礼部尚书苏颋。

苏颋当时身为朝廷大员，仕途通顺之外，在文坛也颇有美名，与兵部尚书燕国公张说合称“燕许大手笔”。年轻的李白坚信，这样一位前辈，一定能够看到自己的才华和潜力，而只要能得到他的垂青和帮助，自己必然可以在文坛和仕途上大展拳脚，一抒自己的壮志豪情。

适时，李白的《明堂赋》和《大猎赋》都正好写成，李白带上自己的“行卷”，将它辗转呈到了长史大人的面前。

身旁的人都说李白是初生牛犊不怕虎，苏颋位高权重，在文坛已然有大家风范，又怎么会搭理一位无名少年？更何况那个时代看人，得先讲个追根溯源、攀亲带故，李白虽然是西凉国武昭王的后裔，但年代久远又无族谱可证，自是无人会信。

要攀扯也只能说他的父亲李客，但李客自从从西域返回，便只以经商为业，闲暇时吟诗作对、玩鸟赏花，不以功名为意。李白作为商人之子，虽然家庭富庶，但却没什么地位，甚至有时候还会受到人们的鄙夷。

李白自从呈上自己的“行卷”之后便安心等待回音，有了少时和父亲的客人以及亦师亦友的赵蕤的交游，他自然明白自己的文笔清丽拔萃，远非那些同龄人的游戏之作可相比拟。

果然苏颋读后，马上召见了李白，详细地问过李白的家世和经历后，更是感慨他文笔不俗，评价道：“此子天才英丽，下笔不休。虽风力未成，且见专车之骨，若广之以学，可以相如比肩也。”可以说苏颋对李白的评价是十分中肯的。上天赐予他敏捷的文思、天马行空的想象，就好像一件艺术品虽然有了最为精美的材质，但阅历的打磨、时光的擦洗才能让它呈现出最美好的形态。

也许是认为这位年轻人还需要磨炼，或许是因为李白家世的孤寂，苏颋虽然给了李白很高的评价，却并没有给他一个走向仕途的机会。李白虽然欣喜自己的作品得到了文坛大家的肯定，却又暗暗失意于自己还没能找到一个展示自己才华的平台。但不管怎么说，苏颋的褒奖是李白文学道路上的第一枚果实，虽然没有想象中硕大饱满，但对于二十一岁的李白来说已经足够了。

拜访了苏颋之后，李白继续在成都及附近地区交游。蜀中是一个富有灵气的地方，李白豪放的气概和不俗的文笔让他在蜀中这块沃土交到了许多朋友，其中有一些人成了他以后终身的挚友。

除了山水的熏陶、文化的熏染，蜀中盛行的佛、道二教也给他以禅的冥思。在戴天山和峨眉山，李白追寻著名僧人、道人的足迹，相传李白所弹的一手好琴，就是居住在峨眉山上的一位名僧传授的。

所谓游学，李白在不停地大踏步地向前迈进的时候，也确实一刻没有停下自己的笔，“树深时见鹿，溪午不闻钟”（《访戴天山道士不遇》）、“峨眉山月半轮秋，影入平羌江水流”（《峨眉山月歌》）、“江行几千里，海月十五圆”（《自巴东舟行瞿塘峡，登巫山最高峰，晚还题壁》）等诸多名句就是出自那时。

蜀中四五年的游历生活对李白来说如同读书进学，只不过传授的老师是形形色色的人和事，是大自然中的山山水水。峨眉山带给他秀丽，青城山教给他清幽，而那些蜀僧道人又让李白的诗歌抹上一缕哲思的色彩。

这几年的游学生活对李白来说是至关重要的，也正因为如此，李白一生的作品始终不曾沾染上哪怕一丝一毫的权势之气。不管命运把他送到多么辉煌耀目、高处不胜寒的地方，他永远也是那巴蜀山水的孩子，情之所至，兴之所寄，一字一句皆出自自己的心念。他一生所求的是让原原本本的自己得到众人的认可，而不是按照别人的期望改变自己的模样。

第二章　辞亲去国远游

从十八岁走出青莲乡，到二十岁初游成都，在七年的时光中，李白基本上已经遍历这巴蜀山水、人物风情。巴蜀对于李白来说如同一位温柔的母亲，用这七年的时间把自己的所有都教给了眼前的孩子。

第一节

行舟泊君万里游

转眼间，时间就到了开元十三年（公元725年），这一年李白二十五岁。从十八岁走出青莲乡，到二十岁初游成都，在七年的时光中，李白基本上已经遍历这巴蜀山水、人物风情，巴蜀对于李白来说如同一位温柔的母亲，用这七年的时间把自已的所有都教给了眼前的孩子。李白也一晃从当年涉世未深的少年，出落成了如今这位俊逸出尘、剑眉星目的青年。

然后在乡里乡亲们的眼中，李白虽有才名在外，却成了一个不折不扣的怪人。二十五岁的年纪，在当地的同龄人早已为人夫为人父，读书的要么继续寒窗苦读博取功名，要么已经供职于朝廷，为国家尽忠。唯有李客的儿子李白，空有满腔热血、一身才干，却只管在家中或是附近的匡山之上读书写文，既不成家、又不立业。身为李白父亲的李客也是看在眼里、急在心头。

然而，他们不知道的是，这位擅为文、喜任侠的青年早已有了自己的打算。正如庄子《逍遥游》所说，鲲鹏展翼而飞必定蓄势积力，待到一日振羽而起才能翱翔于九天之上，又岂是路边小鸟所能相比。

经过这五年来的阅历和磨炼，李白已经不是当初那个懵懂的少年，他虽然也有忐忑，也有迷茫，但他更坚信“天生我材必有用”（《乐府将进酒》），上天既然毫不吝惜地赐予他才华与天赋，也就一定会给他一方天地让他能够在其中自由挥洒。

一叶扁舟，一柄宝剑，一个简单的装有几本诗册的行囊，他一袭白衣立于船头。离去时正是黄昏之际，天色渐渐地暗淡下来，遮掩了远方的景色，微凉的风拂过李白的面颊，似是不舍似地怜爱，缠缠绵绵久久在他身侧徘徊。

李白摩挲着佩在腰间的宝剑，这位一直陪伴自己的挚友如今也要同他一道去未知的远方闯荡了。他侧身回望，青莲乡被掩在暮色里已看不太清楚，唯有道道炊烟飘荡在故乡的上方，不知其中一缕炊烟之下可是自己的家。

小舟顺着江水急速地向前漂流着，故乡的亲人挚友、山山水水都被迅速拉远。奔涌的江水似乎知道，一路不舍，一路送行。虽然李白终其一生再没有回过故乡，但在李白诗赋里的言辞中，永远都寄托着一种挥之不去的故乡情怀。

李白这一生，思念故乡的时候远比真正身处故乡的时候多得多。当他独自一人落寞地在月下喝酒，举杯邀明月之时，可以想象天上那一轮皎洁的月亮和他孩提时代记忆中青莲乡的那一轮明月该是多么相像。除了酒，月亮是李白一生中最忠诚的伙伴，这一轮明月就是那巴蜀的山山水水在他心底刻下的最深的印记。

告别了故乡，李白一路顺流而下，经纳溪、渝州出三峡。三峡自古以来就以奇险著称，与之相随的是与之前蜀中秀丽山水大为不同的奇绝景观。三峡西起奉节白帝城，东接湖北宜昌的南津关，瞿塘峡、巫峡、西陵峡自西向东依次铺开。三峡滩多水急，两岸多崇山峻岭，两岸绝壁之上多有猿猴居住。李白来到三峡，被种种绝美的自然风景所吸引，流连不去。

三峡虽然地势凶险，但对于此时的李白来说，出三峡过荆门，前方等着他的是鹏程万里，奇景险境带给他的是更为壮阔的情怀，李白那首著名的《早发白帝城》，或许就是他在观赏某处风光之时信手写成。

虽然学界历来对这首诗的创作时间有争议，有的学者认为这首诗也有可能是后来李白流放夜郎被赦时所作，但一个初次出门闯荡、雄心勃勃的青年的心境和一个历经岁月磨砺的中年人的心境想必是完全不同的。“朝辞白帝彩云间，千里江陵一日还。两岸猿声啼不住，轻舟已过万重山。”这种轻松又略带俏皮的语调，想来不应该是中晚年的李白所有的。

除了奇崛的美景险境，三峡两岸还有着众多的文物古迹。李白少时读书不仅多而且杂，并且对带有侠气的历史人物有着深厚的感情。正好三峡两岸分布着“巴蜀胜境”张飞庙、蜀汉皇帝刘备的托孤堂等遗迹；另外，三峡两岸的民谣也十分有特色。李白一路走一路学，直走到开元十三年的春天，才终于走出了三峡的怀抱。

从三峡出来，就是荆门。荆门之地正如其名，荆门山和虎牙山两山呈南北对峙态势，长江就从两山之间奔涌而过。荆门之前是险峻的三峡，而荆门之后则水流缓慢，多平原和滩涂，那一路行来似乎永远望不尽的险峻山峰到此戛然而止，荆门之后是一片开阔而又富庶的全新的天地。

走到这里，李白才觉得自己是真正要和故乡言别了。他虽然不舍，但前路的未知和机遇等待着他，他看向脚下追随他而来的故乡水，不禁感慨万千，正是：

渡远荆门外，来从楚国游。
山随平野尽，江入大荒流。
月下飞天镜，云生结海楼。
仍怜故乡水，万里送行舟。

——《渡荆门送别》

用现代人的观念来看，李白一生漂泊，他和他同时代的许多诗人，如杜甫、王维一样，都怀着远大的政治理想，希望能经世致用、安民济世，并且一生为之追逐而不得。很多人不明白他们为什么要这样。其实这并不是单个个体的行为，而是一个时代的印记。

其实，纵观唐朝的大部分文人，基本上都有四处游学、干谒权贵的经历，一辈子只生活在一个地方的文人少之又少。这在某种程度上也解释了为什么唐诗总呈现出气象万千的态势，因为诗中包含的不仅仅是文字的游戏，还包括了作者的人生经历甚至大唐山河。

而在中国的封建王朝历史上，唐朝可以说是最接近梦的朝代。盛唐时候，人民安居乐业，统治者开明，各种学说都在自由的学术空气里寻求发展，首都长安常年居住着外国前来拜访或者学习的使者，甚至有的异域人来到中土之后不愿返回故乡，死后愿意入乡随俗葬于大唐。这与其说是一个经济富裕的地方对外乡人的吸引，不如说是一种包容文化的魅力。

所以，作为大唐的子民，尤其是作为文人，李白也好、杜甫也罢，他们获得了最大限度的做梦的权利，因为是这个昌隆的时代让他们的梦想有了实现的可能性。不难发现，在政治开明的时代，读书人几乎人人都有着极强的社会责任感，他们怀着积极入世的进取观，把振兴家国、造福民生作为己任。

李白当然也不能免俗，更何况他天资超群。饱读群书的他又怎能忍受自己的才华仅仅在一山一林中自由挥洒，所谓“宝剑出鞘，何与争锋?”，他要让整个时代来见证他那些天马行空的梦。古书上所谓“大丈夫”，不过如此罢了。

过了荆门，站在船头的李白身姿挺直，向着前方极目远眺，那重重暮色掩映之下的前方到底藏着怎样的机遇与冒险？不一会儿，夜晚寒冷的空气里突然闪现了几点暖黄色的光，那是远方透出来的百姓家的灯火，原来，江陵已经遥遥在望了。

第二节

江陵幸遇仙道

江陵是李白出川后的第一站，在一路的辛苦奔波后，李白终于踏上了异乡的土地。

江陵虽然不大，但却是当时的中南重镇，也是全国各地东西南北交汇的重要枢纽，因此，江陵这个地方自唐朝初期就设立了大都督府。正因为江陵所处的地理位置，商贩来往频繁，百姓也或勤奋劳作，或从事商贸，过得安居乐业，整个江陵俨然一派繁华都会的模样。

大凡商业繁盛的所在，也积淀着丰富的文化底蕴。只有当地的人们吃饱穿暖，一个城市才有可能设立书院、戏馆，人们也才有吟诗作对、互为酬和的情致。江陵就是这样一个地方。

在江陵，通称为“西曲”的乐曲十分流行，酒楼茶肆里都有专门唱曲的女子为客人们助兴，而寻常百姓家的青年儿女们也大多擅长于此，因为相比于传统意义上传道授业的“诗”而言，“曲”的任务就简单多了，就是传达情思。不用说什么“继往圣之绝学，开万世之太平”的大道理，高兴了畅快高歌，失意时悲泣低吟，如此而已。

“曲”的特点和李白的豪放不羁的性格可谓一拍即合，李白刚到江陵的前一段时间，几乎忘记了走访名士的打算，而完全沉浸在了对于“曲”的执着里。他常常去那些酒肆茶馆，听各种各样的女子唱她们的喜怒哀乐。李白有一次看见一位妙龄女子在茶馆里唱歌，便急急忙忙上前去听，原来这位女子唱的正是“西曲”中的名篇——《西洲曲》：

忆梅下西洲，折梅寄江北。单衫杏子红，双鬓鸦雏色。西洲在何处？两桨桥头渡。日暮伯劳飞，风吹乌臼树。树下即门前，门中露翠钿。开门郎不至，出门采红莲。采莲南塘秋，莲花过人头。低头弄莲子，莲子清如水。置莲怀袖中，莲心彻底红。忆郎郎不至，仰首望飞鸿。鸿飞满西洲，望郎上青楼。楼高望不见，尽日栏杆头。栏杆十二曲，垂首明如玉。卷帘天自高，海水摇空绿。海水梦悠悠，君愁我亦愁。南风知我意，吹梦到西洲。

那女子的声调婉转，音容笑貌恰如歌中所唱的稚嫩少女，李白也沉浸在她的歌声中不能自拔，歌女唱到开心之处李白也跟着开怀，而吟到失落之时李白也忍不住随着她扼腕叹息。

待女子唱完，李白加倍打赏了礼钱。他暗暗地在心里想：今后我也要写出这样人人都听得懂，并且人人都为之感染的作品来。在江陵对于“曲”的接触，在很大程度上影响了李白今后歌行体方面的创作。

李白成日里上酒楼听曲，或是和在江陵结交的伙伴出游打猎，自幼强烈的好奇心总是让他什么都愿意去尝试。江陵虽好，但是，他终究没有忘记自己的初衷，那就是寻访名士，觅得进入仕途的良机。

作为一位远道而来的异乡人，李白不知道江陵藏着哪些名士，更不要说去接触他们。但对于有准备的人来说，机会总是会来的，只不过时候未到而已。

一天，和李白一路同行的友人吴指南告诉李白，著名的道教大师司马承祯正好出门远游要经过江陵，如果李白想要拜谒，他可以引见。

司马承祯字子微，号白云子，他言辞精妙，思维敏捷而富有哲理，是唐朝的一代名道，在当时享有盛名。道教在唐朝早已被封为国教，道士们得到了百姓甚至皇室成员的尊重和敬仰。司马承祯作为一代名道，更是多次受到武后、玄宗和睿宗的召见，除此之外，玉真公主（玄宗的妹妹）还曾经拜他为师。

司马承祯一到江陵，当地的权贵们纷纷前往拜谒，一时间司马承祯的行馆门前车水马龙，热闹非常，李白站在诸多的达官显贵之中显得极为不起眼。然而，往来的人虽多，他们看重的无非是司马承祯的名气以及他和皇室的亲密关系，无非想着与他交游能对自己的仕途有所助益。李白虽然也一直希望能得到有权势之人的提携，但这次前往拜谒司马承祯，初衷却完全是对老庄精义的浓厚兴趣。

李白自幼多读杂书，自从十岁熟读《诗》、《书》，就开始对老庄产生了浓厚的兴趣。他自小在西域的经历让幼年时的李白生性向往自由和无拘无束，《逍遥游》里雄奇险怪的譬喻，《老子》里“小国寡民”的畅想，都带给幼年时的李白一个想象中的奇幻世界。

等到年纪稍长，李白便前往戴天山寻访道士，去峨眉山寻访蜀僧，以及后来在匡山大明寺的一段苦读经历，都让李白与寻仙求道结下了不解之缘。这次恰逢司马承祯路过江陵，此时不前去拜谒畅谈，更待何时？

当时的李白不过一介布衣，待到等候的人差不多都拜谒完了才轮到他前去进见。李白刚刚一走入室内，便暗暗感叹司马承祯不愧为一代名道。只见榻上老者年近古稀，须发皆白，手执拂尘，一派仙风道骨的风韵。

此时的司马承祯已见过了太多的拜谒之人，人数虽多，口中所言却无非是那么几句俗语，颠来倒去的好没意思。正感到疲惫之时，却见一位青年大踏步而进，只见他脊梁挺直，剑眉星目，眉宇间是满满的自信神情，举手投足极尽潇洒从容，但礼数却极为周全，言语间也都是谦卑之意。

见此情景，司马承祯对这个从未听闻过的青年产生了浓厚的兴趣，原本斜倚在榻上的他也微微欠起身子。礼数既全，二人便交谈起来，司马承祯先大略了解了李白的家世生平，便直言不讳地问李白此行为何。

司马承祯原本想，这样没有功名傍身的青年前来找他，为的不过举荐二字罢了，倒也是人之常情，不值得深责。但此时的李白一心只想到了遇到这样的高人一定要求教精妙道义，拜谒权贵进入仕途的事情早已被他抛到了九霄云外，因此一开口便是希望向先生请教老庄之学。

听闻此语，司马承祯不禁暗暗称奇，那寻常人家的青年，不要功名也就罢了，年纪轻轻的敢跑来和他畅谈道义的倒实在是为数不多。要知道李白虽然从小喜文，但剑术亦从没落下，自从十八岁起便仗剑游侠，周游四方，他的胆量和气概，自非那些酸腐文人可比。

另外，李白虽然一直向往进入仕途一展拳脚，但若要完整地概括他的梦想，无非“功成、名就、身退”六个字而已，心底深处念念不忘的还是对寻仙求道隐逸生活的追求。

李白和司马承祯二人既然心意相通，交流起来更是开怀畅谈，不拘礼数，从老庄谈到寻仙再到追索人生的终极意义，二人相谈甚欢，司马承祯赞他“有仙风道骨，可以神游八极之表”（《大鹏赋》），而李白亦对司马承祯学识之丰富、道义之精深而深为叹服。

告别司马承祯出来，李白依然难掩觅得知音的喜悦。那天晚上，李白一人在睡榻上辗转难眠，索性起身走到窗前，只见月华流转，窗外的枝丫影影绰绰，唯有头顶那一方深蓝的天空，在皎月与明星的点缀下绽放出最为纯粹的美。望着高远的夜空，李白仿佛变为那“其翼若垂天之云”的大鹏，如今找到知音，只待振翅而起的那一天了。

李白越思索越觉得胸中文思泉涌，他走到案前，提起笔来洋洋洒洒地写就一篇《大鹏遇希有鸟赋》，整篇文章气势磅礴，一气呵成。李白把自己比为大鹏，而司马承祯就是那与自己心意相通的希有鸟，文章以华美的辞藻夸张地描写了大鹏“激三千以崛起，向九万而迅征”的壮阔景象。

自然，李白坚信自己就是文中的大鹏，虽然现在他正在静静地等待那未知的命运，但他毫不犹豫地相信，他的前路必然光辉无比。

但与司马承祯的交谈也着实使他犹豫了，他固然渴望在朝堂之上运筹帷幄，辅佐君王决胜于千里之外，但那真的是自己想要的生活吗？他说到底还是巴蜀的孩子，喜欢自由是他的天性，他又想起了长平山上与赵蕤一起度过的那段时光，养鸟、读书、练剑，多么自在逍遥。

其实，李白自己就是一个矛盾体。上天赐予了他太多截然不同的天赋，以至于他常常不能决定到底要朝哪一条路上走才好。同样，他依然是那天性好奇的孩子，没有单一的方面可以满足他的求知欲，世界那么大，任何有趣的人和事他都想去试上一试，看上一看。

这种矛盾后来伴随了李白很多年，当他在从政的道路上不懈奋进时，寻仙求道的生活又在一个个长夜里引诱着他。他常常感叹自己理想的生活是“出则以平交王侯，遁则以府视巢许”（《冬夜于随州紫阳先生餐霞楼送烟子元演隐仙城山序》），但想要实现这个愿望却总是心有余而力不足。

这些矛盾也带给李白无数个夜晚的苦思冥想。诚然，这种问题是永远没有标准答案的，但这些对于人生问题的不懈求索，却在李白的作品里星星点点地凝聚起来，成就了许多后世传唱不休的名句佳篇。

第三节

携友侠游长江

在江陵待了一段时日，熟悉了当地的风土人情，饱览了江陵的历史遗迹，李白那颗不安分的心又开始躁动起来，对于正当年轻的李白来说，天下奇景异人那么多，他真是一时一刻也不愿停留下来。恰好在这个时候，一路与李白同行的友人吴指南前来找到李白，希望能继续与他结伴，同游长江。

自古以来，长江与黄河就在中土大地上虎踞龙盘，千百年来奔涌不息，水流所到之处，人畜繁盛。也多亏了河水的滋养，百姓才能休养生息、安居乐业，由此逐渐衍生出了中华民族上下五千年的历史文明。

两条大河无不是水势磅礴、气象万千，风光之绮丽让人禁不住驻足观望。长江两岸更是遍布诸多历史遗迹，众多文学作品中都亲切地把她称作炎黄子孙的精神之河，某种程度上说来，长江、黄河两大河正是我们中华民族历史文化的发源地。

李白和朋友吴指南沿着湘水北上，一路走到苍梧山（今九嶷山，位于湖南省南部永州市宁远县境内）方才折返。

苍梧山是中国众多神话故事的发源地，今天又叫九嶷山，由九座山峰构成，其中九嶷山的主峰，即舜源峰，相传是因为舜帝驾崩后葬在这座山峰的山脚下而得名。舜源峰旁边又有娥皇、女英二峰，两峰婀娜多姿，依傍在舜源峰的左右。

有了此次出游，李白后来经常在诗中说自己“南穷苍梧”。九嶷山的巍峨风姿和奇绝风光与李白之前在《淮南子》、《庄子》里读到的神话故事暗暗相合，李白来到此处，仿佛自己孩提时代做的那些梦都变成了现实。那一块块奇绝险怪的山石；那山林深处的潺潺流水；那天边浮动的五彩流云，都如同烙印一般深深地刻进了李白心底。

后人评李白的作品，说他的诗总有一股“仙气”，不似人间之物，想来也与李白的这次出游分不开吧。

离开充满神话色彩的苍梧山，李白和朋友在折返的途中，又被因洞庭湖而闻名的岳阳所吸引。岳阳在古时又被称为巴陵，它西临洞庭湖，北接长江，凭借着优越的地理位置，岳阳自古以来就有着“鱼米之乡”的美誉。

李白和朋友游到洞庭湖时，只见洞庭湖水域开阔，水面上云蒸霞蔚，湖中鱼儿潜越成文，天上一行行白鹭次第飞过，湖畔更有远山相衬。好一派人间仙境的样子，给李白留下了深刻的印象。后来李白曾专门为洞庭湖赋诗五首，其中一首：

洞庭西望楚江分，水尽南天不见云。

日落长沙秋色远，不知何处吊湘君。

——李白《陪族叔刑部侍郎晔及中书贾舍人至游洞庭五首》

然而好景不长，正当李白沉浸于中土大地的山河美景，畅游八百里洞庭湖时，与他同行的朋友吴指南突然暴病而亡。李白在二十多年的生涯中还是第一次如此贴近感受死亡，他为朋友感到悲痛，也为生命的脆弱而感到恐慌。

吴指南是自蜀中就与李白结伴而行的朋友，这一路走来，两人一同经历的风雨数不胜数。想当年刚出蜀时，傍晚他们一起在船头对酌，夜里的空气微凉，却敌不过二人心里的豪情壮志，他们把酒言欢，他们对月畅饮。

而如今，他们畅谈时的豪情壮志尚未实现，朋友年轻的生命却已经逝去，李白悲痛难当，“炎月伏尸，泣尽而继之以血。行路间者，悉皆伤心。”（《上安州裴长史书》）

悲痛之余，朋友的故去也带给李白对于生命的诸多沉思，究竟怎样走完自己的一生才算无怨无悔？不难发现，在李白之后的旅程中，他虽然没有哪怕一时一刻放弃对自己政治理想、对文学造诣的不懈追求，但他也懂得了在逐梦的过程中，“人生得意须尽欢，莫使金樽空对月。”（《将进酒》）

是多么重要。

李白少年时代就好任侠，喜纵横。朋友虽然在旅途中故去，但身为旅伴的李白却不能就这样抛下同伴离去。李白忍着悲痛带上朋友的尸骨白天赶路，晚上就待在朋友的身边守护，如此昼夜不息。

然而一天晚上，或许是李白孤身一人又身处野外，竟然引来了山中猛虎。老虎在暗处窥伺寻求机会，一腔侠气的李白单单凭着身上的一柄宝剑硬是与猛虎对峙了一夜，拼死守住了朋友的尸骨。

到了天明，老虎终于离去，几日来不眠不休的李白才总算长舒一口气。但这样走下去终究不是办法，无奈之下，李白只好把朋友葬在湖边，这才含泪经江夏向金陵而去。

之后的李白虽依旧在外漂泊，但他却仍然记挂着这位昔日的朋友。三年后，李白又专程奔赴岳阳，在那里寻找到朋友的遗骸，又一路背着走到鄂州，借钱厚葬了朋友，做完了这些，李白才终于觉得安心了。

这次与朋友的结伴同游，本应该是指点江山、一抒壮志豪情的时候，却因为朋友的故去而抹上了悲凉的色彩。命运总是这样捉弄人意，给你希望的时候往往失望也随之而来。但伴随着挫折的历练和时间的打磨，青年时代的李白也一层层褪去原本的青涩与稚嫩，朝着他未知的前方坚定地一步步走下去。

第四节

庐山瀑布里的惊人想象

李白潇洒的性格以及他对山水的热爱，使他对华夏风物的感情更加深厚。他经江夏，一路来到了今天江西省九江市的庐山。只一眼，他便爱上了这座秀丽的山峰。自古以来就有“庐山之美在山南，山南之美数秀峰”这样的说法，登庐山山南的“秀峰”，自然就是为了望一望这大气磅礴又清爽温婉的“庐山瀑布”。

一千三百年前的那一天，李白邂逅了这一奇美的景色。他到了庐山，顺着山景，沿着郁郁葱葱的树林，一路悠然地享受山间的鸟语花香。渐渐地，他听到有大雨的声音，举头四顾，却只看见晴空万里，他带着疑惑循着声音缓缓向着那座山峰走去。

水声越来越大，李白也越来越激动、越来越迷惑，究竟是什么，能够发出如此巨大的声响，又究竟是什么能让整座山峰都白雾缭绕。他的脚步越来越快，心中的渴望也越来越强，终于，急不可待的他在一个转角看到了奇景。

许久许久，雾气逐渐湿润了他的衣裳，沾湿了他的发梢，舒润了他的心肺，那磅礴的声响萦绕在他的双耳，是那么的震耳欲聋，却又是那么的舒爽怡人。回过神来的他凝视着这一奇景，飘飘然地离开这里，不知不觉，寻着一处空旷之地。时过境迁，这里今天已然有座太白读书堂屹立，但对于当时的李白来说，它不过是一个让他能居住在庐山的茅草屋罢了。

之后的这些天，李白继续在这秀丽的庐山不断地寻觅着，脑海中始终挥散不去的是那壮美的庐山瀑布，那雪白的激流撞击在山石上给人的触目惊心的感受。他不知道如何去作一首诗来表达他对这一奇景的喜爱，他只知道，整座庐山充斥着的都是那瀑布的声音，不绝于耳。

李白依旧每日去瀑布前盘膝而坐，那急湍的流水从高山落下，伴随着巨大的声响，溅起高高的水花，随后平静地分散开来，缓缓地流淌着。李白倾听着这瀑布的诉说，感受着这自然的神工。李白浮想联翩：问天何极，问地何寿；人生几何，生何欢，死何苦。

时而舞剑，时而吟诗，时而修道，时而调息，有时李白也安静地坐在那里，感受着瀑布，洗涤他的心灵，时常一坐便是一整天。到了夜晚，李白却辗转反侧，不能入眠，脑海中始终回荡着那山间的风水、树中的鸟鸣，回味着丛林间的花香，更让李白难以释怀的是庐山瀑布的雄伟壮丽。

依旧，他找不到任何能够形容这一美景的词句。这一夜的梦中，李白梦到了吴指南这一好友，梦到了他的音容笑貌，梦到他们一起指点江山，挥斥方遒。欢声笑语将李白带入了他们一起走过的山河，一起聊过的曾经。醒来，两行清泪，湿透青衫。

时光飞逝，转眼，临近半年。这半年间，李白没有将庐山走遍，而是一直居住在太白读书堂，聆听庐山瀑布的水声，和当地的居民一起聊天。淳朴的民风，优美的风景，清甜的溪水，可口美味的饭菜，让李白越来越喜爱上了庐山这个地方。

没有任何的烦恼，只有农家温馨的日常，山间动听的鸟鸣，李白突然间相信，普天之下莫非王土，率土之滨莫非王臣，在明君的统治下，家和万事兴。他突然觉得，自己应该去一趟长安，感受一下天子脚下的领土。

在这一刻，他想到了修身、齐家、治国、平天下，游侠般的自己，是否也应该步入政坛，为大唐的老百姓出一份力，让大家都能像这庐山的居民一样，老人颐养天年，孩童健康成长，男耕田，女织布，处处都是世外桃源。

这样的场景映入了李白的脑海，让他激动不已，从此这个梦想便也植于李白的心中。

李白第二天早早地起来了，整理了自己的行装，再看了看山间的景色，拜会了庐山的居民，但在居民的盛情之下，李白决定在庐山多留一宿。

夜里，李白突然在睡梦中醒来，心中一阵激动，他起床后一路伴着夜色来到庐山瀑布，发现今夜没有月亮，有的只是漫天的星河。

这一刻，他再次想起了他的好友吴指南，想起他们的友谊，看着瀑布，望着星河，闪电一般的灵感击中了李白，让他吟出了：“日照香炉生紫烟，遥看瀑布挂前川。飞流直下三千尺，疑是银河落九天。”

伴随着诗句，李白拔剑起舞，剑舞银光，反射着瀑布与星河，树影间只看见李白的白衣翩翩、衣袂飘飘，一派飘然欲仙的风姿。“仿佛兮若轻云之蔽月，飘飘兮若流风之回雪。”一剑既出，星辰暗淡，流水也为之轻摇，这首诗，这场舞，一气呵成，仿佛让天地看到了李白的心境：我将为了士族的名誉，以天下为己任，此心之诚，天地可表，日月可鉴！

这一夜，李白醉了，醉给了青山绿水，醉给了鸟语花香，醉给了灿烂星河，醉给了瀑布庐山。为了朋友、为了理想、为了治国平天下，李白明白了自己的梦，踏上了追梦的道路。

第三章 极目天下正当年

长江水的雄浑，洞庭湖的开阔，九嶷山的神秘，金陵城的古朴，所谓“读万卷书，行万里路”果然不错。此时的李白依然有着敏捷的文思与天马行空的想象，但下笔气象却远远大于之前那个偏安一隅的蜀中少年。

第一节

游金陵——看那一场繁华梦

离开了庐山，李白乘舟顺流而下，一路上水借风势，风助水流，不过三日左右的行程，小城当涂便出现在了眼前。

当涂虽小，没有整日里走街串巷、沿街叫卖的小贩，也没有日夜不息、车水马龙的街道，但身上背负着的厚重的历史气息，却让每个了解它的人靠近时都不由得肃然起敬。

相传上古时禹曾大会诸侯的涂山，便是在这小城当涂，秦始皇东巡会稽也是选在这当涂继续跨江而上。而最广为人知的，当属当涂对岸的和州乌江，那里便是吟出“力拔山兮气盖世，时不利兮骓不逝”的西楚霸王项羽的殒命之处。

白驹过隙，时光易逝，那些千百年前的雄浑与悲壮都化作了当涂这个小镇里的尘与土，当李白作为一名过客，流连在小镇的街巷之间时，仍然能听到老人们向他们的孙子孙女说起当年的那些故事。时光能抹去很多痕迹，那些伟人们都早已故去，但他们在人们心中留下的烙印却一代代绵延下去，越印越深。

离开当涂，不远处便是金陵了。金陵是六朝古都，它有过很多名字，包括建业、建康等等，但人们还是最愿意称她为金陵。相传楚怀王的父亲楚威王在兼并江东一带后，曾经登高遥望，只见后来被称为金陵的地方隐隐有王者之气，便在那里埋下金子来镇守它，并在当地设立了金陵驿，因此才有了后来的称呼。

金陵曾是多少文人诗里、梦里的地方啊，城东有钟山，如一条巨龙盘卧；城西则有石头城，仿佛猛虎蹲踞；玄武湖烟波飘渺，在城北的青山绿水中若隐若现；城南更有轻歌曼舞、丝弦声终日不绝的秦淮河。滚滚长江水在这里汇集了众多支流，浩浩汤汤如万马奔腾朝着大海绝尘而去。金陵这块宝地如稀世明珠在它们的簇拥之下，绽放出熠熠光辉。

李白初到金陵，看到这莽莽苍苍的帝王之州是多么激动啊，他多想赶快登上钟山之巅，着一身白袍，在那云海深处引颈高歌；又多想乘着画舫一游秦淮河，听一听那低软糯甜的吴侬软语。然而，他还不能去，他还有更重要的事情要做。

这一路行来，李白在酒馆茶肆间听到人们谈论最多的就是即将要举行的封禅大典，如今四方已定，国运昌隆，百姓安居乐业，是到了该正式祭拜天地的时候了。对于李白来说，封禅大典更像是一场盛会，因为皇帝专门下了一道诏令，命各州府择选文武人才、孝廉子弟前往举行封禅大典的泰山脚下见证和记录这一隆重的时刻。这不正是一次千载难逢的良机吗？

确认了封禅的消息后，李白回到自己居住的客栈，打开自己虽然不大却满满都是“行卷”的背囊，细细地甄选起来，他清楚地明白自己需要挑出几篇出类拔萃的作品，把它们作为自己的第一块敲门砖，敲开那通往仕途的大门。

思虑良久，李白选择把《大鹏赋》放在自己的“行卷”之首，多少年来，那昂首展翅翱翔于白云深处的大鹏一直是他内心深处最渴求的梦想。

自幼年时代起，李白便有一个只属于自己的幻想世界，这个充满奇思妙想的少年在自己的世界里纵横四海、尽情挥洒。

那里的山苍莽而巍峨，茂密的树丛间散发着神秘的气息，仿佛有上古的神祇行走其中。那里的水灵动而幽深，看似平静的湖面总是忽然间闪现细细的涟漪，让人不禁猜测是否有那蛟龙出没其间。一切不可能在李白的世界里都皆有可能。这奇幻世界里面钟灵毓秀的山山水水，李白一人虽沉醉其间，却更希望有人能与他一起分享。

封禅大典近在眼前，金陵城里的大小官员们忙得不亦乐乎。文武孝弟虽然只是在泰山脚下观礼，但那可是直接面圣的良机啊。寻常寒门子弟走科举之路，过五关斩六将才走得到金銮殿前，哪里比得上这次封禅来得一步登天。

所以，这几天来，甄选文武孝弟的诏令一经传开，虽然文人们的行卷、拜帖如那漫天飞雪般堆满了金陵城大大小小的官府、衙门，但其实怎会有人理会，前去观礼的文武孝弟的名单是早早定下来的，那些投到官员们府上的行卷，还没等送到官员们的眼前就被抛在了一边。

李白的文章，苏颋、赵蕤都有过赞誉，又经过这几年的游历，他坚定地相信投出去的那些“行卷”，应该如同撒向沃土的种子，总有一粒能结出累累硕果。然而，李白投出去的“行卷”，都如同石沉大海般从此杳无踪迹。

蜀中土地养育出来的儿女，不管遇到什么样的挫折，永远不变的是一颗从容而潇洒的心。这些天来，李白带着他的“行卷”奔走于金陵的名流之间，无奈“十谒朱门九不开”，一次次的挫折反而让最初的苦闷逐渐消失，取而代之的是李白终于有时间审视金陵这座厚重与新奇并存的城市。

几个月下来，金陵的翰墨场上、酒楼茶馆间多了一位风流公子，他才情横溢又纵情任侠，一柄宝剑舞得人眼花缭乱、目不暇接。

李白一掷千金、潇洒豪爽的性情，使他的身边聚集起了一批金陵城里的落魄公子哥儿，他们一起东市听曲、西市走马、南市买酒、北市赋诗，度过了一段快乐的时光。李白的文名也随之在金陵城里传开来，那秦淮河畔的青楼楚馆间，歌女们低声吟唱的多是李白的作品：

妾发初覆额，折花门前剧。郎骑竹马来，绕床弄青梅。同居长干里，两小无嫌猜。十四为君妇，羞颜未尝开。低头向暗壁，千唤不一回。十五始展眉，愿同尘与灰。常存抱柱信，岂上望夫台……

——李白《长干行》（节选）

李白在金陵盘桓的这段时间，仿佛做了一场繁华梦，梦里他畅享盛世太平，与朋友在轻歌曼舞的酒肆里饮酒作乐，在马场里与少年儿郎们纵情驰骋，在赌坊里金陵城的公子哥们面前一掷千金，又在众人的簇拥下登高赋诗、应酬唱和。

这样的日子对李白来说是快乐的，这些俗世的喧嚣与浮华就如同装在夜光杯里的葡萄酒，还不及喝，看上一眼便醉了。它们又更像井水里倒映的那一轮皎月，如此之近，仿佛触手可及，但又如此之远，轻轻一碰便碎在了涟漪里，无迹可寻。

在不绝于耳的丝竹声里，在醉眼蒙眬的觥筹交错间，在歌姬舞女如波浪般翻飞的血色罗裙之下，李白感受到一种更深的痛苦，它不同于之前失落的无助，这种痛苦来自于迷茫，来自于自以为是的快乐突然惊醒时，梦碎裂的声音。

这些繁华与享乐带给李白的是一种麻痹的沉醉与快意，这段时间留下的作品也多写那些细腻而难以言说的儿女情长。某一次长醉醒来，那种狂欢之后的空虚再次席卷了他，李白突然意识到，是离开的时候了。天地之大，任由他纵横，金陵这块繁华之地也留不住他游侠的脚步。离开的时候金陵城里的友人们前来相送，李白回首，看这座既给了他痛苦又给了他快乐的城市，心中诗情满溢：

风吹柳花满店香，吴姬压酒唤客尝。金陵子弟来相送，欲行不行各尽觞。请君试问东流水，别意与之谁短长？

——李白《金陵酒肆留别》

离开了金陵，李白依旧孑然一身，乘着一叶扁舟直往扬州而去。扬州是典型的南方城市，李白去的时候正是初春三月，草长莺飞。扬州虽然与金陵相去不远，气候也并无太大差异，但相比金陵的繁华，扬州更多了一分柔美。

如果把金陵比作那艳妆美饰的贵妇，扬州则是那着一袭嫩绿衣裙，容颜只略为妆点的少女，虽无十分修饰，但举手投足间自有一股独有的娇憨。微凉却饱含生气的春风恍若一只柔美的手轻拂过扬州城，河畔刚刚长出新绿的柳条便纷纷随风招展，远远望去，就像二八少女的一头秀发。李白走到扬州，便为她的美而停驻了漂泊的脚步。

初到扬州之时，李白依然想到了拜谒名士，寻找自己的知音，奈何封禅大典虽然完结，各级官员们又忙着表政绩，争功夺誉，依然没有人来理会他。几次尝试都告失败之后，李白反而洒脱了，或许是时运不济，又或许是时机未到，既然无人欣赏，那么在这烟花三月、春意盎然的扬州城孤芳自赏一回又有何妨。

扬州城的温柔逐渐平抚了他躁动不安的心，李白仍然坚持着自己的凌云壮志，但他也懂得了在逐梦的途中偶尔停下来听一听鸟儿的歌唱，闻一闻沿途鲜花绽放的气息。

李白在扬州城享受着生命的美好，也在为下一次的漂泊做着积淀。然而，长时间的旅途辛劳和肆意纵横让李白病倒了。本以为这只是一场小病，没什么大不了，但可能因为病势蓄积已久，这场病不仅没有渐渐好转，反而是辗转缠绵，一天天重了下去。

从蜀中出来时本来身携重金，但李白的性格放纵不羁，最爱任意而行，高兴时就日散千金。因此，待到扬州之时，李白身上的金钱早已所剩无几。而如今又在异乡病倒，李白举目无亲，很快就陷入困窘的境地。他决心写信请求扬州和金陵的朋友来帮助。

李白在扬州和金陵的朋友虽多，却大部分是落魄公子哥儿，多是青楼楚馆间的酒肉朋友，细数起来真正的知交居然一个没有。因此，他寄出的求助信毫无回音。

眼看着身上的银钱就要花销殆尽，自己的身体又丝毫不见好转，客栈的房款尚且不能支付，何谈延请医者前来诊治。而自己的家人又远在巴蜀，音信难通，李白这时才仿佛从自己的繁华梦中惊醒。本以为自己纵情仁侠，多多相助他人，便也能换来真心相对，却哪里知道这世间的人情冷暖竟然到了如今境地。

这场病让李白想了很多。在这个陌生的城市，没有人能给重病的他以安慰。李白夜晚一人卧于房中，那玉盘般耀眼的月亮又升起来了，在地上留下一道清亮的影子。李白突然想到，不论走到哪里，唯一不变，陪伴自己的不就只有这轮明月吗？这也是故乡那被众星簇拥、高悬于明净夜空之上的明月吧。思乡的念头涌上李白的心头，他归思难抑，口随心动，心随口出，吟道：

床前明月光，疑是地上霜。举头望明月，低头思故乡。

——李白《静夜思》

也许是上天的眷顾，又或许是命运的怜惜，幸好扬州附近的江都县衙中有一位李白的旧日朋友听闻他生病，主动要来看望他，这位朋友，李白称他为“孟少府”。

多亏了这位孟少府，他来看望李白后得知了李白的窘况，不仅慷慨解囊相助，解了李白的燃眉之急，还帮忙寻来了医者，广求良药，悉心照顾，李白这才一天天逐渐从病中好转起来。

一个月过去了，李白的病终于好了，却陷入了新的矛盾与苦恼中：若是在扬州继续待下去，自己的盘缠显然是不够了。而如若折返蜀中，这一番离家游历两年有余，不仅出蜀时带的银钱花销殆尽，连功名也没有博得，怎有颜面回去见家中殷殷期盼的父母。最后，还是孟少府给李白指出了一条出路——去安州。在那里，李白遇见了他一生中的挚友。

第二节

李孟的如水君子情

孟浩然早在李白以前便成名于诗，性格也与李白一样，不拘一格，同样有不肯摧眉折腰事权贵的气节，同样有千金散尽还复来的气度，仿佛一个十二年后的李白。

虽说李白此时心系仕途，却依然对归隐于此的孟浩然心生仰慕，毕竟修道对于李白来说，也是一个终生梦想。徘徊已久的李白最终决定前往拜谒孟浩然，这一会，成就了一段旷世友情，传唱古今。

鹿门山，清幽的风景带给李白宁静的心境，一边走一边想象这位成名已久的诗人到底会是个什么模样，为何能将山水之景描绘得如梦似幻，让人如痴如醉。期冀与忐忑充斥在李白的心间，这种奇妙的情绪带给李白一种奇特的心情，在这个如同仙境般的环境下，李白仿佛乘着云雾寻访着孟浩然。

在这个悠然的清晨，悠然的李白在山中见到了悠然的孟浩然，只有四个字能形容他们的相会—— 一见如故。

二人席地而坐，把酒言欢，席间互相吟诵对方的诗词，大加赞赏。在字里行间的分析与遣词造句中，二人对彼此的钦佩有增无减，这种相见如故的心情逐渐转变为亲密无间的友情。灵魂间的契合成就了两个人的友谊，也为未来二人的种种行为埋下深深的伏笔。

孟浩然向李白表达了自己对朝廷的想法，讲了自己的经历，并劝李白暂缓修道，先着重于仕途，为天下百姓尽到自己的一份绵薄之力。

李白接受了孟浩然的建议，并同样表示出对孟浩然隐居生活的向往。二人惺惺相惜，结为莫逆之交。此时李白的心中，已经为孟浩然留下了一个永远的位置，无论身在何处，心中总会有孟浩然的影子。

对于孟浩然的政治见解，以及孟浩然对诗词的看法，李白更是由衷地钦佩，不由得作诗一首：“吾爱孟夫子，风流天下闻。红颜弃轩冕，白首卧松云。醉月频中圣，迷花不事君。高山安可仰，徒此揖清芬”。（《赠孟浩然》）

在孟浩然的积极劝说下，李白坚定了自己现阶段走仕途的心。他对孟浩然更加信任，也认识到了自己的政治思维还远远不及孟浩然，需要更多的社会磨炼与社会积累。

但无论孟浩然如何劝说，李白也不肯立刻离开此地，一则与孟浩然可以每日继续谈论诗词歌赋，了解人间百态；二则实在因为此地具有仙风道骨，使李白向往修道的心也变得逐渐热忱起来。

就在李白继续为归隐的问题而纠结的时候，孟浩然适时地出现在了李白的身旁，指着林间的一只雄鹰问李白，它的路在何方？李白答：“碧玉苍穹，翱翔九天。”孟浩然又问，它为何在林中栖息呢？李白摇头不知。孟浩然正色道：“养精蓄锐，一鸣惊人。”李白顿悟，凝视雄鹰片刻，转身飘然离去。

李白与孟浩然之间的情深义重，也恰好诠释了李白重情重义的性格，从吴指南到孟少府，再到孟浩然，每一个朋友与李白都是君子之交，虽然短暂，却伴随一生。

大病初愈的李白邂逅孟浩然，从相识到相知，孟浩然对于李白是亦师亦友；李白对孟浩然，有敬重、有欣赏、有亲近。

李白对朋友就是这样，秉持义气、无私为人，纵使曾经被人利用，散尽千金，甚至差点失去自己的生命也不改初衷。

孤傲的李白却对友谊无比珍惜，与孟浩然短暂的相遇，却让李白终生惦记着这位朋友。多年之后孟浩然东游之时，又与李白相遇在江夏，无尽的喜悦瞬间浮现在二人的脸颊。二人登上黄鹤楼，把酒言欢，对酒当歌。看着无边的江水，目送离去的友人，李白站在江边大声吟诵着："故人西辞黄鹤楼，烟花三月下扬州。孤帆远影碧空尽，唯见长江天际流。"

吟毕，泪湿青衫，如同长江一般的思念与不舍，绵绵不绝。此时的李白，人站在那里，心却化为一艘孤帆，直奔远处的船影。他们的友情正如这首诗一样，含蓄而不张扬，待人细细品味之时，顿生一种孤寂，伤情扑面而来，只剩下喉头的哽咽，发不出半点声音。

大江之上，李白临风而立，衣袂飘飘，心中正气，激荡汹涌。感受着迎面的烈风，李白仗剑而立，豪气直冲云霄，脑海里回忆着与孟浩然的种种谈话，爱国之情犹在，报国之心犹在，为民为国的心犹在，士族气节犹在，朋友仍在，家人仍在，梦想仍在，最重要的东西都在，又有什么值得悲痛，又有什么值得沮丧?

曾几何时，他们也想要荣华富贵、锦衣玉食；他们也想要受命于天、威达四海；他们也想要歌舞升平、宾朋满座；他们也与世俗同流，埋首于功名利禄之中。

但今天，士族的血气在他们的心中觉醒，他们不求荣华富贵，只求百姓安居乐业；不求威达四海，只求无愧于心；不求宾朋满座，只求友谊长存。

李白在心里暗暗祝愿：浩然，但愿再见之时，我已丰功受禄，造福一方；但愿再见之时，我们仍可把酒言欢、共谈日月；但愿再见之时，你已子孙满堂、共享天伦；但愿再见之时，你我通宵达旦、一掷千金，共邀明月，一醉方休。

第三节

他与她的今世伉俪缘

李白不仅有很多朋友，他这一生也不乏几段令人扼腕的伉俪缘，有见钱眼开的刘寡妇，也有在李白最惨淡的一段时光与他不离不弃的宗氏。我们还是从安陆的许氏开始说起。

安陆是鄂中腹地的一个小城，这里虽无如金陵、扬州那些大都会的繁华，却自有一番宁静的神韵。安陆虽小，这里却居住着一户许姓人家，这户人家在祖父一辈就官至唐高宗时期的宰相，父辈也担任过员外郎。如今许员外年事已高，便辞官隐退，带着妻儿栖居在这安陆小城，安享天年。

许员外一生喜读诗书，又仕途畅达，老来更是找到了安陆这个宁静的小城安心休养，本来过得是从容适意，唯有一件事情放心不下，那就是膝下幼女尚未找到归宿，长久以来急在心头，寝食难安。

许家小姐生在书香门第，又是世代簪缨的名门望族，虽然女子不事科举，但也从小请了先生教些诗赋之类。平日里闺房沉闷，许小姐试着吟诗作对时也偶有惊人之语。

这许家本来门楣就高，加上许家小姐又才貌双全，在那寻常人家选婿说亲的时候，许家总是左挑右选，那些文思粗鄙的自然是入不了许小姐的眼。这样挑挑拣拣，竟是耽误了这许小姐的青春年华，到了二十五岁仍旧待字闺中。

员外郎一边心急，一边又心疼女儿，不敢随意婚配误了终身。想想自己年事已高，身边正缺个儿子倚靠，索性招个品性既佳、又堪当栽培的女婿上门算了。

许员外正好同孟少府是好友，便把招婿这件事情托付给他去办。适时李白正好卧病扬州，他的文才孟少府又十分清楚，心想这不正好是合适的人选，这才推荐了李白一路往安陆而来。

后来，许多史书和传记中评述到李白的这一段婚姻时，都纷纷影射李白是为了自己的仕途才答应下来这门亲事。虽然唐高宗时代逝去已远，但许家的门第却是摆在那里的，李白当时无一官半职傍身，结下这门亲事无异于高攀。

但笔者认为，像李白那样骄傲且不羁的性格，少年时仗剑游侠，手刃数人，为了朋友可以与猛虎对峙，亦可以日散千金，这样一个豪爽的李白，怎么会仅仅为了仕途就折了自己平日里的气节，甘愿入门为婿，屈居人下。

另外，李白之后留下的作品里也有几首是明确写婚后夫妻二人琴瑟和鸣的幸福生活的，如出自李白乐府诗《长相思》里的："不信妾肠断，归来看取明镜前"；另外还有出自明确提名为《赠内》里的："三百六十日，日日醉如泥。虽为李白妇，何异太常妻?"，夫妻二人平日生活里互相作诗题词、戏谑取乐的情景跃然纸上。

到安陆不久，李白便与夫人许氏喜结连理，许员外膝下只有这一个独女，夫妻二人又异常和美，许员外自然是不遗余力地栽培新婿，只盼望李白一日能鲤鱼跃上龙门，让许家随着年月逝去而日渐暗淡的门楣重新绽放光彩。后来的事实也证明，许员外的眼光果然不错，李白不仅让许家，甚至让整个唐朝都因为他的出现而绽放出别样的光辉。

真是无巧不成书，李白初到安陆时，本以为人生地不熟，没有谁可以仰仗，谁知却遇上了昔日戴天观的故人元丹丘。原来，自从李白出蜀不久，戴天观的老道人就驾鹤西去，元丹丘也随之离开了那里，行游四海。走到安陆之时，安州都督马正会与元丹丘是世交的好友，丹丘这才在安陆盘桓几日不曾离去，却正好遇上了李白。

丹丘听闻李白有入仕的志向，自然愿意向安州都督马公引见李白，再加上老丈人许员外郎在马正会面前的进言，李白成了都督府的贵客，但凡都督邀约文人志士、安陆名流齐聚一堂、应酬唱和时，总是不乏李白的身影。

李白也自然不曾辜负好友元丹丘与丈人的引荐，在众人的注目之下，李白自由挥洒、才情满溢，奇文美句挥笔立成。李白的才华让都督马正会也起了爱才之心。

或许好事多磨吧，正当马正会准备举荐李白入仕时，偏偏他和长史李京之又被调任他处，举荐的事情成了竹篮打水一场空。新调来的裴长史与李白素不相识。马都督和长史调走了，李白虽然感到沮丧和失落，但他坚信，是金子在哪里都会闪光的。

他整理了自己的行卷，郑重地向裴长史府上投了拜帖，本以为以自己昔日在安陆的文名，一定很快就能收到长史大人的邀约，谁知邀约没有等来，反而屡次登门拜访都吃了闭门羹。

原来许员外虽然只有一个女儿，但许家还有一位许大郎，是许员外胞兄的儿子。这位许大郎成日里游手好闲，已近而立之年，不仅没有挣得自己的一份家业，反倒是打上了叔父家产的主意。

唐朝时的女儿地位再高，嫁出去就得一切随了夫家。许大郎想：这许员外一辈子挣下的偌大家业还不是他一人的。可偏偏李白一来，家里算是有了男丁，如若李白再功名大成，许大郎自己还有什么颜面来与李白争锋。

新来的裴长史虽然听闻李白的才名，本有心相见，却被许大郎拿李白曾经“犯夜”的事情从中挑拨，说他恃才傲物，从来不把长史大人放在眼里，这样才每逢李白拜访都屡屡谢客。

李白觉得事情蹊跷，后来终于知道是许大郎在从中作梗，便情真意切，言辞郑重地给裴长史写了一封长信，即《上安州裴长史》书，在文章里李白澄清了自己的志向，真诚地希望长史大人能给他一次见面的机会。但也许是长史在许大郎的话里沉浸太久，终究是覆水难收。

李白知道许大郎对他心怀不满，又无法言明，索性自己搬到了丈人在寿山的一处别墅居住，寿山别墅虽然简陋，但好在除了鸟鸣花语，再无他物打搅，李白在那里仿佛回到了蜀中与赵蕤一起度过的日子，整日里读书练字，乐得清闲自在。

直到有一日，李白收到好友孟少府的来信，责备他躲在寿山里只一心读书不思进取，不若大丈夫行事。李白当即修书一封，即《代寿山答孟少府移文书》回复好友，表达了自己高远的理想：大丈夫当然要以功名为事，这小小的安陆若是容不下自己，那么便去往更广阔的天地，就如同一条小溪，怎能载得动大鲸呢。李白站在寿山山顶极目远眺，看那长安，天子脚下，必然有我自由挥洒、任情纵横的天空！

第四节

初入长安扬威

风和日丽，晴空万里，李白的心情正如这天空一般，清新雅丽，万里无云。就要到长安了，天子脚下，该是如何的天地。

李白相信，在这样的地方，终归有自己发扬才华的地方。心中有道，脚下便有道，此时李白的心境与以往已不可同日而语，正如知己孟浩然给自己说过的当今朝廷已经出现腐朽之时，虽说李白心中不愿相信，却还是难免打起了鼓。不过以自己的才华，李白相信自己能够通过一己之力，力挽狂澜，扶大厦于将倾。拯救苍生，只在此行。

并不遥远的路途中，宽敞的官道刺激着李白的眼球，大路越来越宽，不一会儿便传来行人的声音，这些声音也越来越大，只一转眼，便看见巨大的城门屹立在自己的眼前。都城，如此庞大，威压的感觉迎面袭来。城门两侧，金甲映日，手持铁戟的士兵林立在门口，庄严的表情，整齐划一的站姿，谨慎地观察着行人，森严的感觉击打在李白的胸腔上。

有那么一刻，他觉得自己已经不能呼吸，天子之都，这个如此神圣的地方，真的会有腐败存在么？带着疑问的李白调整自己的呼吸，缓缓地走入长安这座巨城。

恰逢其时，李白偶遇玄宗狩猎，旌旗林立，哪里像是狩猎之师？外族大臣跟随在玄宗身后，锦衣华服，贵气四溢。而他们的脸上却没有高兴的表情，他们睁大了的眼睛，微微张开的嘴，无不表露出惊诧的神情。

李白此时为这阵势所倾倒，跪下双膝，与远方的外族大臣们同呼："吾皇万岁！万岁！万万岁！"玄宗黄袍加身，庄容微敛，起身搭箭，指天怒射。

李白自小习武，当看出玄宗射术堪称高手，三点一线，身形固若磐石，目光如炬，李白顿时起了敬佩之意，心中为国为民的决心更加坚定。望着狩猎的仪仗队，李白心生豪情，策马回到客栈，心中挥散不去那磅礴的声势，豪情顿生。刚想要就此拜倒在天子脚下，大展宏图，才奔出几步，猛然看见自己布衣草履，心里一阵失落。

李白整顿自己的思绪，决定在长安城游历一番，仔细观察这座天子之都的模样，看这里是否真是腐败横生、黑暗当政。

朱门大开，张灯结彩，长安的繁茂依旧震撼了李白的心。友好的百姓，吆喝的摊贩，喧闹的集市，无不带给李白温馨的感觉。虽然在之前的游历当中，他也经历过闹市，却从来没有见过如此大规模的集市，以至片刻之后便觉头晕眼乏。

偶然看见路边有个捏泥人的摊子，上去看看，红脸的关公，提三尖两刃刀的精灵，还有手持方天画戟的吕布，还有佛家和道家的传奇人物，无一不是栩栩如生。那摊主是个老头，对李白说："要一个吗？我看你挺适合诸葛亮的。"李白一想，诸葛亮被三顾茅庐请出山，随着刘备闯荡乱世，始终不离不弃。李白心动：这不正是自己想要的君臣之交、仕途之路吗？

正待买下，转念一想，我又何必做他人，自有我的际遇。便对老头说："你就捏个我吧。"说罢便坐在摊前的凳子上。老头也不含糊，便开始准备，还对李白说："我有过目不忘的能力，你先走吧，半个时辰来取。不像不给钱哦。”李白闻言，起身继续游览长安。

李白见集市如此和谐，不禁怀疑这座都城的黑暗是否是误传，想了一下，便准备去长安最大的酒楼打听消息。距酒楼尚有两条街，便闻到山珍海味与美酒的浓郁香气，李白这才想起大半天过去还没有吃饭，便摸摸干瘪的肚子，大步流星地走向酒楼。

“嘿，客官，里面请，要来点什么？本店有上好的女儿红、醉牛肉，一口牛肉一口酒，逍遥快活伴你走。”小二一边热情地将李白请向桌前，一边收拾着桌椅。李白落座说道：“一坛酒，一碗肉，快些上来。”“客官，本店的酒可是上好的酒，一坛会不会太多啊？”李白哈哈大笑：“尽管上来。”“好了，客官你稍等。”

一会儿酒肉俱至，李白端起酒一饮而尽：“好酒！”李白边饮酒边吃肉，同时倾听酒楼里其他人的谈话。只听旁边一桌有人说道：“这城里那几个羽林军简直无法无天了。”“是呀，呼风唤雨的，谁遇到谁倒霉。朝廷的人也不管。”“知足吧，没有抢到你头上来，已经洪福齐天了。”“那是那是……”李白闻言，疑惑顿生：难道这里真是如此？顿时食不甘味，迅速结了账，便要回集市拿自己的泥人。

到了泥人摊，那老头扬起手中的泥人，大声问："怎么样，还满意吗?"李白定睛一看，洁白的衣服，挺拔的身姿，衣袂飘飘，宛如仙人。李白潜心修道，顿时对自己的泥人感到亲切，便付了账，怀揣泥人回了客栈。

想起白天的所遇所闻，李白觉得这都城鱼龙混杂，有光明，有黑暗，有歌舞升平，有腐败滋生。不过这些都能让李白接受，毕竟城市太大，谁也不可能做到明察秋毫。李白决定明天继续出游，将长安周边都瞧个明白。

晴空万里，艳阳高照，李白带着愉悦的心情出门游历，这回他要找寻自己的灵感，观赏长安的风景，真正领略长安的灵魂。

穿过闹市，李白寻觅到慈恩寺塔。这里曾是大唐高僧玄奘翻译佛经的地方。李白想到曾经取经西域的玄奘法师，虽为佛法大家，却依旧对取经之路心怀虔诚。如此遥远的道路，纵是对自己，也未免有点太难，思索间心中的敬佩之情油然而生。

突然间，又想起玄奘当年在与戒日王会晤，并得到优渥礼遇。

戒日王决定以玄奘为论主，在曲女城召开佛学辩论大会，邀十八个国王、三千个大小乘佛教学者和外道二千人参加。

当时玄奘讲论，任人问难，但无一人能将他难倒，一时名震五印，并被大乘尊为“大乘天”，被小乘尊为“解脱天”。李白想，若自己能在朝堂之上，将那些阿谀奉承、滥竽充数之辈驳斥得体无完肤，深受玄宗赏识，这样的际遇，该有多么的美好。

情不自禁间，李白纵情吟诗，将自己的理想抱负抒发一空。塔下众僧纷纷合十以礼，李白不敢大意，双手合一，向众位僧人表示敬意，随后离开了慈恩寺塔。

第二天，李白造访了向往已久的楼观台。登上楼观，举头四顾，千峰耸翠，万里连云，绿海碧波。李白深深地吸了一口气，碧草花香，沁人心脾。清新的空气，湛蓝的天际，柔软的白云，温和的日光，一切都是那么美好。

相传老子曾在这里讲学。一想到老子，李白心中的敬佩与向往再度升起。想到那楼观台上，李耳状若仙人，口若悬河，洋洋洒洒，滔滔不绝。李白的心情就和当年那些座下门生一样，仿佛身临其境，全神贯注，听那道德五千言，或疑惑，或神往，或惊讶，或醒悟，或醍醐灌顶，或摇头晃脑，或低头深思。

李白似乎置身于那众多门生当中，对讲学盛况心生向往。回想起自己这些年对于道法的研究与追求，亟想超然脱俗，有朝一日能够登临仙境。

回过神来的李白继续拾级而上，朝山峰走去。湿润的土壤在林间散发出青泥的香味，一花一草，一鸟一木，无不显露出道家风韵。竹海飘摇，淅沥沥的脆响随风飘荡在整个山峰，果然是天人合一，万物归真。这里的一切仿佛都在对李白诉说着修道的心态与方法，一切都是那么的和谐。

随着竹海继续深入，李白看到了一个香炉，回想起丹炉香烟缭绕的景象，蓦然想起这就是世传老子李耳的炼丹炉，许久无人的情况下，丹炉上已布上薄薄的一层青灰。李白本想上去抚摸，却又发现丹炉仿佛已与周围的景物浑然一体，不由得停住了上前的脚步。李白的面上浮出了微笑，静静地看着这一切，许久许久。

月光洒满了树梢，李白踱步回到自己的房间。这些天虽然去了这么远的地方，却不曾让李白感受到疲惫。对道教的向往使李白又起了归隐的念头，但一想起天下百姓、朋友嘱托，心中又放不下对仕途的追求。该怎么做，怎么做，李白已踱步数个来回，却始终找不到答案。

李白停住了脚步，陷入了沉思。黄发垂髫的欢声笑语、男耕女织的幸福画面，又在此时一一浮现在李白的眼前；士族的气节在这一瞬间融入了李白的心：是的，唯有仕途能够弘扬我的雄图壮志；唯有仕途能够实现我的远大理想；唯有仕途能够拯救苍生；唯有仕途能够扬我大唐之威。

明天，就是新的开始。

第四章 激扬文字点江山

年轻时，他挣扎过、愤怒过、反抗过，结果却和自己希望的相差甚远。而如今自己已年过四十，如果命运无法被主宰，那么至少不管命运把自己送上巅峰还是打入低谷，都要在那个位置上绽放出最耀眼的光彩。

第一节

空山无人语　终南逆旅时

遍游长安之后，李白回到客栈休息了一夜。第二天清晨，天边才刚刚泛起鱼肚白，李白就醒来了。他推开窗户，只见街边商铺里的商人们忙忙碌碌地急着开门，小贩们也慢慢向市集上赶来。商贩们的吆喝声，货物互相碰撞的声音，还有马蹄急促的达达声交织在一起，长安新的一天又开始了。

李白伸手从怀里掏出一封信来，由于一路上都贴身带着，信纸似乎微微被汗水濡湿。在这个偌大的长安，他谁也不认识，这封信是他唯一可以依仗的东西了。他似乎还能想起年迈的岳父把这封信递给他时眼睛里闪烁着的殷殷期盼。

岳父为人正直，为官也清廉刚正，一生倒也仕途畅达，只是老来没有儿子可以依恃，所有的期望便都托付在了他这个女婿的身上。自从和妻子成婚以来，岳父待自己不薄，夫人也温柔贤淑，此番前来长安，自己若是不能博得一官半职，光耀门楣，又怎么对得起岳父一家的恩情！

李白摩挲着手里的信纸，一时间感慨万千，真是恨不得能够从此平步青云，纵横捭阖于朝堂之上，一消自己连日来的郁结之气！

原来，许员外有一个侄孙名为许辅乾，当今正任京中光禄卿一职，专门负责给天子搜集山珍海味，烹制佳肴珍馐。这个官职虽然品阶不高，但胜在油水丰厚。许辅乾任了这几年的光禄卿，挣得盆满钵满不说，也结识了不少的名流贵胄。

许家虽然世代簪缨，但可惜许员外也已年迈归乡，亲戚间走动并不频繁，年岁一久倒是都生疏了下来，只有这个侄孙是个亲近的本家，或许可以帮衬李白一下。

话不多说，李白这便骑了马，怀揣岳父的书信，直奔光禄卿府飞驰而去。今天的长安正是晴空万里，太阳高悬在城东一角，照得那长安中心的皇城熠熠生辉。李白本来就心情舒畅，驾起马来也是格外地迅捷灵巧，眨眼间就到了许辅乾的府邸。

李白抬头一看，果然是高门大户，一块雕琢精工、质地优良的牌匾上，刻着两个烫金的大字——“许府”。门前更是车马络绎不绝，定睛一看都是官家的马车进进出出，想是来头不小。李白不禁暗自高兴，这家主人排场这么大，想来结交的也都是达官贵人，若是能为自己引荐一二，岂不正好是雪中送炭？

李白这边正想着，那边门前的小厮却是不耐烦了。这时节正赶上京中的盛会“千秋节”，出入这光禄卿府的哪个不是有头有脸的人，在这门前守得久了，小厮们也都个个学得乖觉，什么样的冠冕和束带对应着几品的官阶，他们是清楚得很。就是那些人家来的女眷，哪个不是好几个轿夫抬着，跟着一众的丫鬟婆子。

唯有眼前这个青年人，没有随从跟着，只独自一人骑着马，腰间也没有坠着代表身份的玉佩，倒是背后不伦不类地挂了把佩剑。贵公子们可从来不是这幅打扮，看起来像是那漂泊不定的游侠儿，或者那些没身份的市井贱民，倒不如早点赶走了好，免得在这紧要关头生出事端。

小厮打定主意，便不由分说来撵李白。而李白还沉浸在自己的思绪里没回过神来，这一撵倒是惊了坐下马儿，马儿倏忽间扬起前蹄，慌乱地嘶鸣起来。李白这才敛住心神，急忙挽住缰绳，安抚马儿。小厮见撵人不成，倒是惊动了四周好些贵人，嘴里便骂骂咧咧起来。

李白本来还不明就里，倾耳一听才算是明白过来，一股无名火倏地就升起来了，正待要发作，又想起自己到底在异乡，此番前来又有求于人，怎好就与府中家丁起争执，倒是要叫主人家贻笑大方了。李白强自按下怒火，从怀中掏出岳父的书信给小厮看了，小厮上上下下把李白打量了个遍，这才半信半疑地进府通报去了。

话说这光禄卿许辅乾此时恰好在府中，只是这“千秋节”将近，圣上要大宴群臣、与民同乐，他这专管膳食的正是忙得四脚朝天之时，本来就忙中生乱，偏偏这时小厮递了封信来。

许辅乾拆开来草草一看，原来是叔父举荐来的“穷亲戚”投奔自己来了，不禁暗道倒霉。欲弃之不顾，又不好驳了叔父的情面，自己这光禄卿的差使也多是仰仗了许家祖上的关系才挣来的。算了，先请来府中住下吧，左右自己家底丰厚，多养一个闲人也无甚妨碍。

外边李白等得心焦，正在胡思乱想之时，却见刚刚仗势欺人的小厮忽然间换了副笑面孔出来，主动上前牵了李白的马，低下头恭敬地说道："我家主人吩咐小的来迎先生入府。"李白看他前后差异甚大，却也不便深责，只放下了自己一直悬着的心，跟着小厮往府中走去。

李白原本以为，这便是带自己去见此家主人了，一路上赶忙整顿形容，腹中备下文字，谁知小厮七弯八绕的，路是越走越小，越走越偏，直把李白带到府中一处偏僻的厢房，才转身道："我家主人这几日公务繁忙，烦请先生在此处先歇息几日，待我家主人忙完，定摆酒设宴为先生洗尘。"说罢便有几个丫鬟送上平日用品，也不待李白答言，小厮便俯身鞠了一躬，自顾自扬长而去。

初到长安，李白本就人生地不熟，现下好歹是到了本家的府中，便也由着主人的意在光禄卿府上安顿下来。这一等就等了大半个月，许辅乾才终于想起这个打老家来的"穷亲戚"。他思来想去，到底找个什么地方打发了这个不速之客才好呢？

当今朝上的兵部、户部，显然不是李白这一介书生去的了的。左相源乾曜又是个出了名的"甩手丞相"，诸事不管、诸事不问。要说举荐贤才的去处，恐怕也只有右相张说那里可以一试了，只是这张说最近恰在病中，府上一切事务都交给次子张垍在打理，这张垍可不是个好相与的角色啊。

许辅乾正暗自发愁，忽然间又转念一想，只要找个去处把他打发了，便算是对叔父有个交代，至于以后嘛，那得看他自己的造化，自己操得是哪门子心。

半个月后，李白终于跟着许辅乾进了右相府的门，可就算生性豪放潇洒，相府富丽的装饰和森严的守卫也不由得让李白有点战战兢兢。穿过一重重威严的门，又走过一座座秀丽的庭院，终于见到了相府的主人家。果不其然，张说依然在病中，次子张垍正端坐在大门正对的太师椅上代父迎客。

要说这张垍也真不简单，他不仅是三品卫尉卿，还是当今公主的驸马，能爬到今天这个位置，他的家世必定有所助益，但他本人的手段也是不可缺少的。李白刚进门，只见一位年纪尚轻、风姿翩翩的少年郎端坐于上首。进来之前许辅乾已经给李白解释了情形，只是李白初见张垍也不禁心下暗自称道：不愧是当今驸马爷，生的是唇红齿白、器宇轩昂，谈吐间谦和有礼。

三人分宾主坐下，李白便取出自己一路上细心整理的“行卷”，双手奉上呈给张垍品读。张垍一读之下，不禁暗自称奇，《静夜思》、《长干行》的文思之细腻，譬喻之精巧，与他身边的文人墨客比较起来，也是无人能及。此人果然是个奇才！

当读到李白从匡山离去时所作的《别匡山》中“莫谓无心恋清境，已将书剑许明时”，张垍不禁心念急转，他暗觑李白，只见他俊逸脱尘，而又没有通常文人身上都有的腐朽之气。可惜这张垍虽说生得一幅好皮相，却并不是一个磊落之人。他只道李白这样的人若是上达天听，必得重用，岂不是为自己树立劲敌，得好好想个法子把他打发出京城。

张垍思索一会儿，对李白道：“先生的心意晚辈已经知晓，当朝虽然早有举贤进士的传统，流程却极为繁杂还容易出纰漏。晚辈刚刚拜读先生大作，知先生非池中之鱼，晚辈现下有一捷径，只不知先生肯与不肯。”李白一听大喜，张垍既肯为自己设法，哪有不肯的道理。

原来张垍为李白指的路，就是去玉真公主在终南山的别馆。玉真公主素有雅兴，每逢暑中便去别馆小住，同些文人墨客说道谈禅、赋诗作对。如今正逢夏中，李白且去终南山候着，等公主来了一展文才，再求公主去天子前美言几句，哪里还愁没有入仕的机会，只等着平步青云便罢了。

李白一听，张垍指的这条路虽然有裙带之嫌，但好歹能帮助自己完成安社稷、济苍生的宏愿，不过略为踌躇也就同意了。三天之后，张垍派来了两个家丁，李白简单地收拾了自己的行装，便由两人陪同着出了长安的金光门，一路向西而行，抵达终南山脚下的终南镇，再折往南行，如此，再走最多半日便到了。

此时的终南山已经遥遥在望了，李白在马背上定睛看去，只见终南山脚下果然有亭台楼阁、雕梁画栋，更有流觞曲水点缀其间，整座别业依着山势，面向渭水，仿佛蓬莱仙境，果然是避暑乘凉的好去处。

李白从出长安便半信半疑的心，到如今总算是定了下来。他抬头看看天，虽不如长安那般金光灿烂、晴空万里，但几朵形态各异的透着金光的云彩点缀在湛蓝的天空之下，倒是比长安多了一分清幽。

不一会儿，玉真公主的别馆就到了，随行的二人把李白领到了别业附近的一间小院，找来了当地的一位老汉负责李白的饮食起居，只道主人还吩咐有事要办，便起身告辞，一转眼的工夫就只剩了李白一人在这偌大的终南山中。

待李白安顿下来，才发现玉真公主的别馆虽然从远处看起来豪华富丽，内部却空无一人，里面虫蚁横行、蛛网暗生，在这空旷的大山之中，倒像是一座荒园。

李白思来想去，既然大老远地来了，眼下也只有耐心等待，或许哪一天来一队穿着宫装的婢女们前来洒扫装饰，那便是公主要来了。李白强自按下内心的不安，挥毫给张垍写了一封书信，说明了自己的境况后，还特地问了问是否知晓玉真公主的行程。

公主不来，大山中常常好几天都见不到人。好在李白生来就是狂放不羁的品性，在这大山之中，没有了帝都里的繁文缛节和文人间的钩心斗角。李白每天山间舞剑、月下赋诗、对水练字，倒是过得难得的惬意潇洒。日子一晃便过去了两月，公主没来不说，当初给张垍的那封书信也仿佛石沉大海，再也没了音讯。

李白打开自己的行装，算了算盘缠已经不多，也顾不上平日里抹不开面子，招来了每日伺候他饮食的老汉询问，这一问不要紧，直问得李白的心也凉了半截。

原来，玉真公主的别馆自修建以来，公主只来避过两次暑，那还是别馆修好的前两年，公主觉得新鲜，这才来待了几日，却都没长住。自从公主在华山新修了别馆，终南山的这座别馆便再没来过。怪不得这别馆如此富丽堂皇，却空无一人，想是早已经被公主遗弃了。

李白慌乱之下，想起当初张垍对自己描绘的那些飞黄腾达的场景，原来都是编出来的谎言。把自己骗来这个荒村野地，张垍却不知道怎么在帝都风流快活！李白本来就是性情中人，胸中这一股恶气不吐不快，快步走到书桌间，胸中情思泉涌，立时便写下两首诗，题为《玉真公主别馆苦雨赠卫尉张卿二首》，其中第一首为：

愁坐金张馆，繁阴昼不开。空烟迷雨色，萧飒望中来。翳翳昏垫苦，沉沉忧恨催。清愁何以慰，白酒盈吾杯。吟咏思管乐，此人已成灰。独酌聊自勉，谁贵经纶才。弹剑谢公子，无鱼良可哀。

李白痛痛快快地发了一通住在这荒山野地的牢骚。还觉得不够快意，第二首更是借《南史》中刘穆之的故事，指桑骂槐地讽刺张垍心胸狭窄、为人险恶。写完这些，李白推开窗，只见窗外天幕低垂，仿佛被墨染过的乌云低悬在头顶，连空气也黏稠得似乎凝固了起来，终南山的山山水水都为之窒息，眼看着一场暴风雨就要来了。

第二节
蜀道之难　难于上青天

第二天一早，李白顾不得清晨的山路泥泞，匆匆辞别了照顾自己起居饮食的老汉，踏上了返回长安的旅程。记得来时，李白虽然颇有怀疑，但玉真别馆遥遥在望，又有张垍的人随侍左右，一路上是人轻马快，似乎半日的功夫就到了终南山。而这归途自己孑然一身，举目都是凄风苦雨，行囊内盘缠已将用尽，空有厚厚的一沓“行卷”，却无人问津。

李白一人走走停停，一路上愁肠百结，也无心赋诗作对，竟是走了将近两日才到长安。

到了长安，张说那里是去不得了，或许唯有许辅乾那里还方可一试。李白到了长安许府，烦请小厮向主人通报了一声，本以为会像上次一样迎了自己入门，谁知小厮出来只道主人吩咐近日来公务缠身，恕不能相待，只赠给李白些许银钱便把他打发了事。李白思来想去，多半是自己的那两首诗惹怒了张垍，现在竟是连许辅乾也不愿接待自己了。

所谓屋漏偏逢连夜雨，李白四处碰壁，心灰意冷，想这偌大的长安城，竟是连自己的立锥之地也没有，这皇城中数以千计的文武百官中，竟是没有自己的一席之位。一时间急恨攻心，昏头昏脑地走在大街上，背囊里的“行卷”散落在地上也不知。恰巧路边有一位年轻人，虽然眉宇间也隐含愁绪，但衣饰上却颇显贵气，腰间一块上好的羊脂白玉闪着润泽的光。

这位年轻人捡起散落在地的“行卷”，正欲呼喊，却见面前一张纸上洋洋洒洒写着三个字：“大猎赋”，读到‘河汉为之却流，川岳为之生风。羽旄扬兮九天绛，猎火燃兮千山红。”时，只觉得其雄壮旷达，难以言表，可谓出语惊人。

他于是赶忙上前叫住李白。

原来这位年轻人名为陆调，和李白一样，来这天子脚下便是为了寻找入仕之机。只是陆调在长安有个家底丰厚的叔父，所以吃穿用度方面倒是无需发愁。

陆调赶忙上前叫住李白，两人一见如故，相约找了间路旁的酒楼，互诉平生之志，开怀畅饮，倒像是多年不见的老友。酒到酣时，陆调推荐李白去找自己的朋友邠州长史李粲，这位李粲热情好客，家中日日宴饮不断，好歹可以解李白囊中羞涩之急。李白思来想去也别无他法，只得答应下来。

这位李粲也确实是好客，筵会上不但有丝竹相伴，还有诗赋应和。李白去了李粲那里，过了一段逍遥的日子。不久，李白又拿了李粲的信去投奔了坊州司马王嵩，继续日日代主人陪客奉酒，偶尔献上一两首诗赋为宾客助兴。主人家倒也是保管李白吃穿不愁，只是一提到举荐便没了下文。

如此浑浑噩噩地过了一段时光，李白到底是心意难平。开元十九年（公元 731 年）早春的一天，李白辞了主人，匆匆留下一篇《留别王司马嵩》，便准备踏上归途。此时的长安城，尚且积着薄薄的春雪，李白站在这熟悉的城门前，不禁感慨自己韶华空度，依旧是壮志未酬。

这天，正好是长安的“上元节”，大街小巷张灯结彩，往日里最不常抛头露面的夫人、小姐们也都纷纷打扮得花枝招展出门观灯。大家摩肩接踵，一会儿这个踩着那个的鞋，一会儿那个不小心扯掉了这个腰间的汗巾子，一时间左呼右喊，真是热闹非常。

李白这天喝多了酒，一个人踉踉跄跄地在长安街头游荡。这段时间，他斗鸡、走狗，和那些游手好闲的人混在一起饮酒、赌博。他和那些市井无赖们为伍，他放纵着自己，又悲悯着自己，这时仿佛有一个声音在对他说："你身为皇族后裔，怎么就沦落到这步田地！"而另一个声音又说："沉沦吧，美酒佳人，哪一样不够你消受？何必去争那狗屁功名！"两个声音争吵着，李白自己却似醉非醉，对它们的争论不置一词。

这边李白正醉着，那边过来几个举止轻浮、满口污言秽语的混混，为首的一个看到李白酩酊大醉，又见他身后背负的那柄宝剑的剑柄当中镶嵌着一颗猫眼大小的明珠，剑身古朴沉稳，又隐隐透出锋锐之气，一看就知不是俗物，心里不禁暗自高兴，想道："哥儿几个这几日正好缺点花用，又碰到这醉汉身带宝物送上门来，岂不是上天的造化。"便眼神一瞥同行几人，团团把李白包围起来。

李白尚自愁思不已，谁知几个混混却突然包抄上来，几个人抡起拳头就准备一顿蒙头痛打。李白自幼任侠，这几个混混三脚猫的功夫怎么是他的对手，他气沉丹田，跨开步子，反手正欲拔剑，却突然间手脚发软，一招一式都变了形。这才想起自己饮酒过度，又加上几个日夜不曾休息地消磨在赌馆，哪还有力气应战。

几个混混见这醉汉好像会功夫，如今突然又显出颓势，必然是体力不支，几个人的拳头就都招呼了上去。李白一看事情到了这步境地，倒是也不躲了，或许这一顿痛打才能让自己从梦里醒来。恍惚之间突然听到四周一片混乱，那些无赖都风一般地散开了去。李白抬头，只见一位衣着华贵的紫衣公子领着巡查队来了，再定睛一看，那为首的公子不是好友陆调又是谁。

待到李白整束衣衫，微敛仪容，陆调这才给李白讲明了事情的经过。原来那伙混混白日里的身份是羽林军，那可是保卫皇城的人。他们白天当值时耀武扬威，晚上休息时为非作歹，就是当朝品阶稍低些的官员们也要让他们三分。

李白听了大为惊讶，自己本以为长安这苍莽帝王之都、天子脚下，任是谁也得依着王法，谁知这自以为最清明的地方，却成了最黑暗的地方。

李白沉思，这就是当初自己朝思暮想的帝都吗？这就是自己甘愿为之奉献一生的大唐王朝吗？这十多年的时光如白驹过隙，真是岁月催人老啊，当初青春年少的自己满怀着希望来到这长安，如今已过而立之年却依旧只能“孤芳自赏”，这到底是自己的错，还是这个朝代的错？

李白想着自蜀中出来的十来年，命途多舛，仕途艰难，他走到文案前奋笔疾书，将那压抑在心底的不甘、愤懑、屈辱和嗟生之叹都倾在《行路难》的诗句里：

大道如青天，我独不得出。羞逐长安社中儿，赤鸡白狗赌梨栗。弹剑作歌奏苦声，曳裾王门不称情。淮阴市井笑韩信，汉朝公卿忌贾生。君不见昔时燕家重郭隗，拥篲折节无嫌猜。剧辛乐毅感恩分，输肝剖胆效英才。昭王白骨萦蔓草，谁人更扫黄金台？行路难，归去来！

李白决定了要走，陆调也不好多留，何况自己没能获得功名，想帮朋友也是有心无力，如今也只能好好地为朋友办一场饯别宴，聊以安慰吧。李白自那天的变故之后，整日里闷闷不乐，虽然写了《行路难》，但一腔悲愤似乎总还郁结在心里，着实是哽塞难咽。

时间已经是到了离别的前夜，陆调知道李白喜豪饮，煞费心思地寻来了几坛“珍珠红”，酒色清澈透亮，酒味浓香醇厚，李白借着别离之意借酒浇愁，陆调百般阻拦不下，反倒是牵动了自己的一番愁绪。也罢，也罢，男儿志在四方，做不了权力巅峰的王者，那么便做那茫茫草原之上搏击长空的雄鹰吧！

陆调正思索间，抬头却见一个熟面孔正关切地看向自己，想来自己和李白的醉态是被贻笑大方了吧，只见眼前的人微微一笑，说道：“鄙人西蜀王炎，不过小别几日，兄台竟是不识得我了么?”

真是无巧不成书，这王炎是陆调的朋友，恰好也是蜀中人士，和李白是同乡。王炎见陆调和李白二人也不叫歌女佐酒，也不品尝佳肴，只顾着一味蒙头痛饮，眉眼间满是愁云，略为思索也就明白了大半。

王炎素来擅琴，一柄家传的玄色古琴更是从不离身，如今见二人愁肠百结，便命随行书童取来古琴，自己席地而坐，整顿衣襟，两根手指自琴弦上微微一拨，便起了一个极高极陡的音。

李白这边尚自喝着闷酒，却听得那边一连串急促的拨弦声破空而来。这支曲子不同于李白和陆调日间听惯了的坊间歌曲，讲得要么是金榜题名日，要么是繁花似锦时。这支曲子却仿佛来自那遥远的蜀中，那里山势奇崛，壁立千仞，其中更有大大小小的瀑布间杂其间，远远望去，仿佛一道道的水流高悬于天际之上，那里，是李白的故乡啊，是他日日夜夜魂牵梦萦的地方。

王炎弹的这支曲子正是《古蜀道难》，李白听完后，只觉得意犹未尽，那蜀中的层峦叠嶂、虎啸猿鸣还在他的眼前挥之不去。李白向着王炎一拱手，道："先生之技艺高绝，请容在下赋诗一首以和之!"，王炎欣然应允，李白便也不再过多辞让，当即走到酒楼床边，只见月上中天，清辉遍洒，当即便口占《蜀道难》：

噫吁嚱，危乎高哉！蜀道之难，难于上青天！蚕丛及鱼凫，开国何茫然！尔来四万八千岁，不与秦塞通人烟。西当太白有鸟道，可以横绝峨眉巅。地崩山摧壮士死，然后天梯石栈相钩连。上有六龙回日之高标，下有冲波逆折之回川。黄鹤之飞尚不得过，猿猱欲度愁攀援。青泥何盘盘，百步九折萦岩峦。扪参历井仰胁息，以手抚膺坐长叹。问君西游何时还？畏途巉岩不可攀。但见悲鸟号古木，雄飞雌从绕林间。又闻子规啼夜月，愁空山。蜀道之难，难于上青天，使人听此凋朱颜！连峰去天不盈尺，枯松倒挂倚绝壁。飞湍瀑流争喧豗，砯崖转石万壑雷。其险也如此，嗟尔远道之人，胡为乎来哉。剑阁峥嵘而崔嵬，一夫当关，万夫莫开。所守或匪亲，化为狼与豺。朝避猛虎，夕避长蛇，磨牙吮血，杀人如麻。锦城虽云乐，不如早还家。蜀道之难，难于上青天，侧身西望长咨嗟。

一首诗吟完，回转身，只见王炎坐在古琴旁已然是泪湿衣衫，陆调也隐有悲戚之色。“蜀道之难，难于上青天”，李白这一叹，叹的是国家社稷，叹的是民生多艰，叹的是这天下千千万万的平头志士，空有一颗报国之心却没有报国之门。

长安城数不清的酒肆、茶馆、院落、亭台，怎么就独独容不下自己的一颗赤子之心？当李白拿着自己的“行卷”在达官贵人间苦苦拜谒时，他们以为他不过希图荣华、贪慕权势。只有李白知道，为了把自己绵薄的光与热撒向这盛世大唐，他曾让自己胸膛里那颗骄傲的心做过怎样泣血般的屈服和让步。

第三节

千琢万磨方成器

开元二十年（公元 732 年）岁末，一叶扁舟飘飘荡荡载着李白回到了安陆。自李白和许氏成亲不久后离家，如今已经过去三个年头。这三年来李白虽然四处碰壁，干谒失败，但自问无愧于心，他想做的事、想走的路都去做了、去走了，所谓生死由命，成败在天，李白自问是对得住自己了，唯一有愧疚的就是对夫人许氏。

李白离去时，许氏尚且年少，正是“妾发初覆额，丝发披两肩。腕伸郎膝上，何处不可怜。”如今三年过去了，或许是思念成疾，加上日夜忧虑，许氏眉眼间尽是憔悴之色。

李白终于还家，许氏悲喜交集，喜的是丈夫如今平平安安地回来，自己三年来整日悬着的心总算可以放下；悲的是丈夫在外的这段时间，老员外一病不起，许氏亲自伺候汤水，却还是留不住父亲。自父亲撒手人寰之后，许大郎见李白在外生死不明，许家没了男丁，哪里还管许氏一个妇道人家，十分的家财竟是被这许大郎给占了八分。他整日里还对许氏冷言冷语，巴不得李白一死，把许氏改嫁了事。

李白听了夫人的一席话，也是悲从中来，自己已过而立之年，家人尚且无法庇佑，又何谈安社稷、济苍生！如今老员外既然已经过世，这安陆县城也无甚留恋。在县西北白兆山有一处桃花岩，那里山清水秀，幽静可喜。李白生来不喜束缚，也不愿待在安陆和许大郎起争执，和夫人商量一番，便举家迁往桃花岩。

离家的这几年，李白只觉得对夫人亏欠甚多，到了桃花岩，见此处果然钟灵毓秀，于是也不作他想，整日里陪着夫人，在那流觞曲水前赋诗饮酒，而许夫人自幼喜爱诗文，偶尔也与李白应和一二。夫妻二人虽然粗茶淡饭，但举案齐眉、琴瑟和鸣，过了一段平淡又温馨的日子。到了山中，虽然不及年少时养尊处优，但有了丈夫的真心陪伴，许氏的身体也日渐好了起来。第二年，许夫人为这个人丁单薄的家庭添了一个小女孩，取名为平阳。

孩子生下来仿佛粉雕玉琢般，肉嘟嘟的小脸在阳光下有着近乎透明的颜色。李白喜不自禁，抱着女儿不是戏水就是捕蝴蝶，小平阳也格外喜欢李白，总爱赖在父亲的怀里，不是拉拉父亲的面颊，就是扯扯父亲的胡须。李白偶尔被扯得痛呼一声，低下头看到女儿乌溜溜的一对大眼睛满满漾着笑意，便也感觉不到痛了，只是抱着平阳宠溺地笑。

小平阳一天天长大，一晃就满了周岁，按习俗，该是让孩子“抓周”的时候了。李白拿出了自己的笔墨纸砚，许氏则摆出了自己的胭脂水粉、剪刀、绢花，还有些糖果、糕点等物，满满当当摆满了一桌子。

李白把平阳抱上案，小姑娘左瞧瞧右看看，先是爬到许氏香香的胭脂面前闻了闻，正要抓，一回头看到了李白日常写诗用的紫毫，就突然径直掉转身一把抓了起来，转头望向父亲咯咯地笑。李白大喜，果然是自己的骨血，不是那等乡野间的庸脂俗粉，看来自己的女儿长大也是位文人墨客啊。

平阳被父亲高高兴兴地抱了起来带出去玩耍，许夫人的心里却隐隐有忧虑，如今朝廷虽说是广开进言之路，招才纳士，但真要谋得一官半职却是不易，自己的丈夫辗转多年也没能实现自己的宏愿，女儿抓笔真不知道是好是坏啊。

真是夫妻连心，这边李白抱着女儿，高兴之余突然也想到这一层，原本浮在云端的心仿佛跌落到了谷底。如今的举荐之道，走到哪不讲究个渊源、攀扯个谱系呢？自己这十来年四处碰壁，说到底还不是因为自己是一介布衣、无人可以帮衬吗？如今自己年近不惑，家里又只有薄田几处，丰年尚且收支相抵，若是遇到饥年，还得从妻子的陪嫁中拿出财物来多多添补，可这年复一年，妻子手里所剩得也不多了。何况大丈夫自当顶天立地，若还不能以功业为念，不说封妻荫子，只怕老来衣不避寒、食不果腹啊。

女儿抓笔的喜悦就这样渐渐被愁思冲淡。李白抱着平阳回到家中，翻出了自己前些年所用的包裹收拾起行装来。许氏备好饭菜，走进屋来看李白在收拾行李，就什么都明白了。

许夫人默默地走过去，接过丈夫手里的背囊，代他收拾起来，把平日里自己纳的鞋底、冬袍夏衣都层层叠叠地装进背囊里裹好。

李白站在妻子的身后，早已是泪湿衣衫。他看着她从一个眉眼含羞的女儿家到如今终日为自己操劳的中年妇人，他对得住自己、对得住天下，唯独对不起眼前这个与自己衾枕相伴多年的女人。

李白这次离家时，妻子忍不住悲戚，扭过头不敢看他。女儿年幼不懂事，只顾抓着父亲的衣襟咿咿呀呀。母亲去拉平阳的手，想让她放开手中的衣衫，粉嫩的小拳头却攥得紧紧的，小脸憋得通红。李白忍不住把母女俩一同搂入怀中，一向自诩天不怕地不怕的他，如今对着妻儿除了流泪竟是无言以对。

当时的文人墨客间，人人都知道"生不用封万户侯，但愿一识韩荆州"，韩朝宗素爱推贤进士的美誉在士人间流传已久。李白也有耳闻，恰好挚友孟浩然曾与韩朝宗素有交情。而李白自开元十七年的晚春时节与孟浩然一别，如今已经过去了好几年。李白一方面有心寻访老友，另一方面也想请孟浩然为自己引见一下韩朝宗，或许有一展文才之机也未可知。

到了襄阳，李白见到阔别已久的孟浩然。两人夜夜都是饮酒作诗，聊到月上中天。听了李白希望引荐的请求，孟浩然也不推辞，正好韩朝宗几天之后在襄阳城山公楼上设有宴会，也不用自己引荐，让李白代自己前往赴宴便是。

几天后，李白从山公楼返回，孟浩然问他拜谒的情况，李白却只摇头不答，面上也看不出是喜是悲。孟浩然不便深问，只是心存疑惑。几天后，韩朝宗来了书信请孟浩然前往襄阳城一聚，这下浩然心里更是没底。到了襄阳城中，见到韩朝宗，韩朝宗也不多语，从书箧之中抽出一卷递给他。孟浩然展开来，只见文首洋洋洒洒“与韩荆州书”几个大字，一望便知是好友李白的字迹。

文章开头倒如寻常希望引荐的书信，先把主人家恭维一番，只是越往后读，孟浩然的心里越是暗暗打鼓。如：

……

所以龙蟠凤逸之士，皆欲收名定价于君侯。愿君侯不以富贵而骄之、寒贱而忽之，则三千之中有毛遂，使白得脱颖而出，即其人焉。

白，陇西布衣，流落楚、汉。十五好剑术，遍干诸侯。三十成文章，历抵卿相。虽长不满七尺，而心雄万夫。皆王公大人许与气义。此畴曩心迹，安敢不尽于君侯哉！

君侯制作侔神明，德行动天地，笔参造化，学究天人。幸愿开张心颜，不以长揖见拒。必若接之以高宴，纵之以清谈，请日试万言，倚马可待。今天下以君侯为文章之司命，人物之权衡，一经品题，便作佳士。而君侯何惜阶前盈尺之地，不使白扬眉吐气，激昂青云耶？

孟浩然读到此处，一边感叹好友果然非井底之蛙、池中之鱼，他的雄心大志，恐怕这满朝的文武百官也无能出其右；一边又暗暗埋怨好友空有一身才华，却怎么偏偏不懂这人情世故。

向主人写求荐信，最讲求委婉含蓄，恭维要恭维得自然得体、不留痕迹；而明志时更讲求言不尽而意已达，最少不得那么一点微妙的灵犀通透。李白这一篇引经据典，写得豪气冲天，丝毫不懂得掩饰，韩朝宗看了也不禁在心底一惊。

没等看完，孟浩然赶紧代好友向韩朝宗赔罪，只说李白狂放惯了，向来不中绳墨，没有冲撞韩朝宗的意思。

韩朝宗也是文人出身，素来爱才，又岂会看不出这封信中的豪迈旷达、篁思精微，自己也在心里暗暗感叹这李白果然是旷世奇才。转念又想，自己这小小山南东道采访使衙门里不过是些主簿、参军的闲差，想来是容不下李白的。而如果把李白向上引荐，官场腐朽已久，各门第之间的互相倾轧让朝廷内部的钩心斗角数不胜数，往往牵一发而动全身。李白这样不羁的性子，去了惹出什么祸事来，岂是自己一介末流担待得起。别无他法，举荐的事情也只能婉拒了。

孟浩然垂头丧气地回来，李白一眼便知请韩朝宗举荐的事也是无果了。经过之前在长安的种种遭遇，李白自己也释然了。回想起自己写给韩朝宗的信，确实是锋芒太露。如今的自己已经不是当年那个二十上下的毛头小子了，也是时候光华内敛了。

当天晚上，孟浩然备酒为李白饯行，醉中李白赋诗一首，依旧如往常狂放不羁，其中吟道："千金骏马换小妾，笑坐雕鞍歌落梅。"诗到末尾，回想起自己毕生经历，到底是不好言明，用一句"襄王云雨今安在？江水东流猿夜声。"收尾，生性旷达的孟浩然，听到这里也不由得为好友掬了一把同情泪。

别了孟浩然，李白也无他处可去，思来想去还是只能回了桃花岩。李白自觉无颜面对家中妻子，但看到李白回来，许氏却是惊喜不尽。她知道官场虽荣华，到底是每日心惊胆战，还是平淡的日子过得安心又惬意，许氏自是抚慰丈夫一番。

之后的时光如白驹过隙，李白看着自己渐渐染上霜华的两鬓，到底是不甘心、不认命。他随着元演北上太原，一睹那大草原上的风土人情。随后又与故人元丹丘在颍阳山居盘桓数日，山间明月高照，又有好友丹丘、岑勋相陪，李白连日来苦闷的心也有了一丝快意。

趁着醉意，他挥毫写下了《将进酒》，他的灵魂仿佛飞到了黄河的源头："君不见，黄河之水天上来，奔流到海不复回。"奔腾的黄河水飞卷着流沙，一扫连日来内心的郁结。他仿佛又变回了那个初出蜀门的才华超群却又颇为飞扬跋扈的少年："天生我材必有用，千金散尽还复来。烹羊宰牛且为乐，会须一饮三百杯。"世人眼里看重的功名与荣华，在我眼中不过粪土。"古来圣贤皆寂寞，独有饮者留其名。"我就是那超脱于尘世之外的人，我就是将被镌刻在历史上的名字。"五花马，千金裘，呼儿将出换美酒，与尔同销万古愁。"我李白所求，不过是一世的潇洒与快意罢了。

李白回到桃花岩后不久，夫人许氏为他诞下了第二个孩子，是个白白胖胖的大小子，取名为伯禽。此时的李白已经三十有八，这让他喜不自禁。他常常坐在桃花岩自己的茅草屋前，一双儿女绕膝，妻子在一旁淘米做饭，昔日的不甘与怨愤都归于平淡。

他想起了魏晋时的五柳先生，想起了嵇康、山涛，心里也怏然自足。但命运的驱使让他不能罢手，这块璞玉不经过千琢万磨，怎能同日月争光！

开元二十六年（公元 738 年）的岁末，李白南游江淮归来，行囊里装着带给妻子的锦缎和送给一双儿女的小银镯，本以为一到家就有妻子温柔的手抚平疲惫，平阳和伯禽也会惊喜地扑向他怀中。谁知推开门却发现夫人一脸病态卧在床上，平阳正艰难地去够桌上的水壶想给母亲喂水，伯禽太小还不懂事，只顾依偎在母亲身边啼哭不止。

原来许氏本来身子就弱，生了伯禽后又过于劳累，没有好生调养，引得沉疴再犯，如今已经是病势沉重。李白又爱游历八方，出门在外，音讯不通。许氏病了已经有些时日，身边除了贴身侍女碧桃外，也没有个知心人，整日里沉闷在病榻，病势是越来越重。

李白回来后也顾不上伤心，找朋友东拼西凑，借了些银子为妻子请了大夫。奈何夫人的病沉积已久，一旦爆发，力不能挽。许氏撑了又撑，只是放不下自己年幼的一双孩儿，奈何人命在天，一天清晨，许氏带着满腹的忧虑，香消玉殒。

自夫人去世后，李白仿佛变了个人，成日里不是在喝酒，就是醉得不省人事。想自己的人生空度三十余年，四处碰壁、仕途多舛也就罢了，退居田园，尽享天伦之乐也是不行吗？命运究竟要把自己逼到何种境地？自己一味追名逐利，固然可恨，可夫人又有什么错呢？人生如此艰难，我宁愿自己在长醉之中，永远不要醒来！

第四节

守得云开见月明

夫人故去之后，李白站在桃花岩，远眺西北方的安陆县城，想当年二十余岁入赘许家，漂泊的浪子终于有了家。那些年在长安干谒的日子虽然苦，但只要想到那遥远的家中，有一盏灯、一个人为自己守候，心里的那点灯火就算再暗淡也不曾熄灭。如今夫人逝去，他真是一个名副其实的“浪子”了，那么不如四海为家吧。

李白变卖了家中不多的几处田产，拿着手旦有限的银钱，尽量为夫人办了一场隆重的葬礼。离去的那一天，他带着年幼的一双儿女跪在许氏的坟前，泣不成声，一杯浊酒撒向膝下的黄土：夫人啊，我虽然不能与你同生共死，但愿黄泉之下你能安睡吧。我李白今后定当照料好孩儿，将他们培养成才，不负夫人所托！桃花岩的那处孤坟前，一个中年男子一步三回头，牵着两个幼童洒泪离去。

东鲁又称兖州，也是古时候的鲁郡，下面管辖着曲阜、瑕丘、任城等十一个县城，自古以来就是富庶之地、礼仪之邦，北接泰山，南有汪洋，是著名的儒乡。李白正好有一个远房叔父在此地任任城县令，另外在瑕丘等地也有一些李氏的宗族。李白一个大丈夫带着一双儿女毕竟多有不便，这次迁居东鲁，也是希望亲戚间多有照看。

好在东鲁的李氏族人也多为仁义之士，看李白一个鳏夫拖着方才两岁的儿子、五岁的女儿，着实不易，对李白都多有帮衬。在他们的协助下，李白在瑕丘外的泗水置下了一间小院，又在对岸备下了几亩薄田，这才算安定了下来。

东鲁，不仅是儒学的发源地，也是许多老学究们的聚居地，整日里这些老学究们只顾照着书本白首穷经、生搬硬套，平日的往来更是繁文缛节不断。李白看了这些，只觉得很是好笑，难免产生鄙夷心理。一天李白喝了酒，趁着酒劲，写成一篇

《嘲鲁儒》，用戏谑的口吻把那些道貌岸然的儒生给嘲笑了一通：

鲁叟谈五经，白发死章句。
问以经济策，茫如坠烟雾。
足著远游履，首戴方山巾。
缓步从直道，未行先起尘。
秦家丞相府，不重褒衣人。
君非叔孙通，与我本殊伦。
时事且未达，归耕汶水滨。

这首诗一写出来，在整个东鲁都传得沸沸扬扬。东鲁一向崇儒，这些儒生受优待惯了，何曾受过这种折辱。自这首诗流传出来，儒生们便都把矛头指向李白，一定要他说出个所以然，否则不肯善罢甘休。

李白被这些儒生逼得紧了，实在没有办法，只好去求助当地的一个朋友裴仲堪。裴仲堪听了也连声埋怨李白太过鲁莽，在这儒乡得罪儒生们可不是一件小事，自己在这里为官多年尚且要让他们三分，更何况李白一介布衣。埋怨归埋怨，裴仲堪还是应下这件事来，还劝李白去城东北的徂徕山避上一段时间，等风头平息了再回来。

那徂徕山正好是诗人孔巢父的隐居之地。孔巢父年轻时和李白何其相似，只是四处拜谒久了，看透了人情世故，入仕的心也慢慢淡了下来。好在自己在徂徕山上有些祖产，孔巢父也不叫帮手，自己搭了一间小竹屋，内设古琴香案，再摆上自己平生搜集的一些文房墨宝，山居虽然简陋，但却别有雅致风韵。

而竹屋附近更是住了几个志同道合的好友，彼此以茶相待，以诗文取乐，春观花来冬看雪，颇为得意。待得久了，附近的乡邻都知道徂徕山上有六位雅士，遂有“竹溪六逸”的雅称。李白有了裴仲堪的引荐，就暂时寄居在孔巢父的小竹屋里，二人饮酒、对弈、赋诗、论道，日子过得潇洒惬意。

有了裴仲堪的帮忙，事情很快就平息了下去。等风头一过，李白便回到了东鲁泗水旁，只一心一意地抚养一对儿女。整日在田里春耕秋收虽然辛苦，但却别有“晨兴理荒秽，带月荷锄归”的隐士风情。

又过去了一段时间，东鲁的朋友和族人们看李白年纪尚轻便当起了鳏夫，一人又是种地又要抚育幼子，着实艰辛，便为他相中了一位刘姓寡妇，想撮合他们成婚。自许氏故去之后，李白心中旧伤未愈，所以从未动过续弦的心思，只盼望儿女早日成人，也算了了夫人的临终之托。

李白这边按兵不动，那位刘姓寡妇却打起了再嫁的主意。虽说李白年近四十，又无功名，但他的《将进酒》、《蜀道难》却在文人骚客间有着不小的影响。再者刘寡妇暗自思忖，这李白好歹算得上皇族后裔，父辈又多年经商，应该多少有点家底，听说在南陵村还有几处田产，自己与其嫁给庄户人，哪有配个诗人来的风光。

打定主意后，刘寡妇便不时给平阳、伯禽两姐弟做点好吃的，或是赶制两件粗布新衣差人送去。一来二去，李白原本坚定的心也动摇了，自己可以当鳏夫一辈子，可膝下一双儿女无人疼爱岂不是自己的失责？再加上朋友的撮合，不久便与刘寡妇成了亲。

刘寡妇本来是高高兴兴地嫁过来，可是一清点家中账目，发现李白居然两袖清风、毫无家底，南陵村的几处薄田也不过刚刚满足李白一家三口的吃穿用度，倒是镇上的酒家里多有李白欠下的酒债。刘寡妇原本笑靥如花的脸立马就垮了下去。

其实这刘寡妇也是庄户人出身，生性剽悍、精明，虽然没什么坏心眼，但和大户人家女子从小就遵从的温柔、贤淑也基本不沾边。刘寡妇自从发现李白没钱后，虽然也帮着管理家务，抚养平阳和伯禽，但却整日和李白拌嘴，不是指桑骂槐就是讽刺挖苦。

李白的原配许氏出身名门，虽然家道中落，但教养却从未忘记分毫，连声音稍大点的说话也是没有的。如今李白娶了刘寡妇进门，本想着和以前一样，夫妻二人举案齐眉过平淡日子，却三天两头被刘寡妇骂，自是不堪其扰，时间一久，李白只好又常常出门漫游、寄食四方。

岁月如梭，任凭再尖锐的棱角也终会被时光磨平，李白当初那颗高傲的心如今也跌落在了平淡的流年之中，他依旧行游四海、放浪形骸。这时命运却悄悄向他伸出了橄榄枝，让李白原本平定下来的心又再起波澜。

开元二十九年（公元 741 年）的金秋时节，朝廷传达诏令，命各州县光选道门精英，随同玉真公主一行，前往亳州真源宫举行盛大的祭祀老子的活动。这天李白正站在田埂上为今年不好的收成发愁，听到裴仲堪来告诉自己这个消息，李白只得报以苦笑。裴仲堪道："太白兄，莫要叹气，你可有一位好友名为元丹丘是也?"李白点头称是。裴仲堪一拍掌喜道："那就对了，这位元丹丘先生正在奉召入京之列啊，不日就要启程了。太白兄若是还有出仕的念头，何不去他那里一探究竟？这批道人除了跟随玉真公主祭拜之外，十有八九还会面圣，若到得那金銮殿上略为美言两句，哪里还有不成的事情?"

李白一听恍然大悟。既然元丹丘不日就要启程入京，李白当即回家收拾行装，脱下平日里干活穿的粗布衣服，随意套上一件夏袍就匆匆忙忙策马往元丹丘在颍阳的山居赶去。

李白一路上人轻马快，一阵风似地便到了颍阳。到了元丹丘的居所一看，果然元丹丘正在收拾行装。元丹丘看李白前来拜访，自然明白了他的意思。

当年他与李白、岑勋三人月下共饮，李白高歌一曲《将进酒》的场面仿佛还在眼前。元丹丘笑道："太白兄现在也不必感叹'蜀道之难难于上青天'了，贤弟我如今便亲自替兄长跑一趟京城，你只管安心回家，抚养幼子，静候佳音便是。"

李白这边正愁不知道怎么开口，好友的这一席话倒是解了他心头之忧。正所谓"君子之交淡如水，小人之交甘若醴。"他与元丹丘故交多年，二人惺惺相惜，互相都不曾辜负彼此的一番情谊。

李白返回东鲁家中，刘寡妇已经从裴仲堪那里弄清了事情始末，她看到李白一脸从容之色，便知道事情顺利。这些年来难得恭敬地唤了丈夫一声“老爷”，接过行囊放好，转身便进了厨房淘米做饭。李白心下暗自诧异，转念一想就明白了，只暗自好笑，这进京的诏令还不知几时能到，自己的妻子却像变了一个人似的。

所幸，元丹丘果然不负老友的重托，天宝元年（公元742年）八月，在李白四十二岁的那一年，朝廷招他入京的诏书终于到了！从县衙手中接过诏书的那一刻，李白心里有一个狂喜的声音在呼喊：终于来了！二十余年苦读终于有了用武之地，待我到得长安，且看我如何挥洒笔墨于朝堂之上！

那天，左邻右舍都前来道贺，在众人艳羡的目光下，刘氏笑得合不拢嘴。李白却想起了故去的许夫人那张娴静的脸：“你看到了吗？岳父当初招我入赘，便是希望我振兴家业、光耀门楣，而如今我终于得偿夙愿，夫人你却在哪儿呢？”一时间，李白感慨万千。

入京的事情即刻便被提上了日程，李白看看一旁自顾自玩耍的平阳和伯禽，心中有万分的不舍，但男儿生当建功立业，岂能为儿女情长所羁绊，当即题诗一首：

白酒新熟山中归，黄鸡啄黍秋正肥。呼童烹鸡酌白酒，儿女嬉笑牵人衣。高歌取醉欲自慰，起舞落日争光辉。游说万乘苦不早，著鞭跨马涉远道。会稽愚妇轻买臣，余亦辞家西入秦。仰天大笑出门去，我辈岂是蓬蒿人。

——《南陵别儿童入京》

李白在心中暗自起誓："长安，我来了！这一次，我不再是市井游侠，我将要踏入那皇城中心的金銮殿，让全天下的士人们一睹我的风采！"

第五章

赐金放还归人间

在无数个夜晚的挣扎和徘徊里，在一次又一次的希望和失望中，看着这座华丽却冰冷的宫殿，李白还是选择离它而去了。开元三载春，李白手里捧着玄宗“赐金归山”的诏令，于楼观台之顶回首一望这留下了他最低谷和最辉煌年华的长安城，终于是洒泪而去。

第一节

贺老金龟换酒　太白大殿面圣

“春风得意马蹄疾”，两千余里的路程，李白风雨兼程，不过十日上下便赶到了帝都长安。依然高耸的城墙；依然森严的守卫；一切都仿佛和当年一样。只是时过境迁，李白已早生华发，心境早不似当年。李白心中感慨万千，径直到招贤馆住下，等候召见。

在等候召见的日子里，李白不忘再次游历长安城。十三年过去了，长安发展得更为繁荣，闹市喧哗，酒家热闹。李白一路走来，不知不觉间来到了城东北的紫极宫，只见青石路，红砖墙，茂林修竹，在这繁华喧嚣的长安城中真是一处难得的清静之地。李白看到这座宫殿，远比十三年前更为宏大和壮丽，在华美中不失仙韵。如此费心，想必也只有当今求道的圣上才可以做到。

李白正望着紫极宫出神，突然看见一位腰上别着金龟的鹤发童颜的老人出现在紫极宫门，衣着服饰一看便知是三品以上的官员。李白看着那位老人仿佛似曾相识，恰巧那位老人也正看着李白，李白不再犹豫，连忙上前拜见，二人一阵寒暄，方知此人正是贺知章。

李白久闻贺老大名，瞻仰已久，如今得见真人，见他犹如长寿图中的老寿星，激动不已。贺老亦早已读过李白的诗，也颇为赞赏。二人一见就如多年的故交般相谈甚欢，当即便相邀到路旁酒家，正巧这酒家正是李白初入长安之时常常光顾的地方。

既来酒家，怎能不饮酒。不等李白开口，贺老便招呼小二一人一坛女儿红。李白刚到长安安顿下来，此次出门却是忘记了带银两，只能对贺老表示改日一定提酒登门以表谢意。贺老摆摆手："酒桌之上，饮酒作诗，管它作甚?"一摸腰包，猛然想起自己也未带钱。贺老当即解下腰间金龟，给小二当酒钱。

李白急忙道："贺老不可如此，这般贵重之物，怎可以之换酒？"贺老笑道："用它来招待小友太白，也算是物尽其用了。我还记得你的'人生得意须尽欢，莫使金樽空对月'呢！来来来，我们先干一杯！"二人均是洒脱之人，也不多话，只管开怀畅饮。

酒过三巡，二人便论起诗来，贺老向李白讨要诗卷，李白拿出随身行卷，取出一首《将进酒》。贺老左手持卷，右手捋须，一边读，一边赞不绝口："此作惊人，实乃名不虚传，名不虚传啊！"待把整首诗读完，贺老已经情不自制。只见李白白衣飘飘，贺老便脱口而出："汝乃太白金星耶！"二人皆大笑不止，只管饮酒。

此时暮色降临。说到李白此次来长安的目的，贺老笑道："贺某官虽三品，也必当略尽绵薄之力，你就回去等着好消息吧。"李白拜谢，再敬贺老一杯，二人就此作别。

果然，不过三五日的功夫，便有诏令下来，召李白入宫面圣，面圣的地方正是在那皇城中心的金銮殿。

那一天，李白难得一次早起，整顿自己的仪容，跟着内侍，踏进了他日思夜想的大明宫。十二年前，大明宫的宫墙外遍布了多少他的足迹啊，如今，他终于进来了，而且是从最大的宫门——丹凤门中昂首挺胸地大踏步走进来了。

进了丹凤门，只见一条青砖铺就的笔直的宫道直指大内深宫，正对自己的是高耸入云的含元殿，东西两边尚有“翔鸾”、“栖凤”二殿为之辅翼，恍若大鹏展翅，直冲天际。内侍带着李白绕过含元殿，折向西北，又走了一炷香的功夫，一座比含元殿规制稍小，但却格外庄严肃穆的殿宇映入眼帘。内侍告诉李白那就是麟德殿，也就是每日皇帝上朝的地方。难怪此地气象非凡，原来大唐王朝的大小政事都是在这里决议的。

过了麟德殿再往北去，不多时金銮殿便到了。金銮殿虽说比含元殿、麟德殿的规制都小，但装饰却尤为华美，镂金的雕花，上翘的檐角，整座金銮殿在阳光的照耀下仿佛真由纯金打造一般，令人目眩神迷。

李白这边还没回过神来，内侍嘱咐他在殿前守候，自己就匆匆进殿复命去了。李白暗自打量左右，只见自大殿出来一直延伸到自己身侧，两列羽林军分左右站立，个个都铠甲加身，手持长戟，戟的前端缀有红绫，映衬着戟尖闪烁着锋锐的光。李白不禁暗自忐忑，赶紧屏息凝神，以免触犯天颜。

等待时殿中出来一个宦官，高唱着宣他进殿。李白赶紧撩起长袍底端，迈步走上了殿前的汉白玉石阶，也不知道是自己紧张还是石阶太长，竟像是走了一个世纪那么长。

到得殿中，只见当中一人身着绛纱袍，足登彐底乌皮靴，腰系明珠宝带，坐于龙座之上，不是玄宗又是谁？李白正要跪地行拜叩礼，玄宗却已经吩咐赐座。李白这才胆敢抬头得睹天颜，本以为大唐天子应当是雄姿英发，外有威猛之身，内有韬略之才，没料到抬眼却见玄宗目光浑浊，脸上沟壑难掩，双颊松弛，显出垂垂老态。

见到此景，李白却也顾不得深思，只在腹中反复梳理自己的经世之策，生恐圣上和自己探讨政事时不知如何应对。玄宗却并不急着和他答言，只叫左右呈上李白的“行卷”。

玄宗随意翻了两页，看到“飞流直下三千尺，疑是银河落九天”（《望庐山瀑布》）一句，写得气势磅礴，不乏那么一丝仙气，不禁喝了一声：“好！”殿前文武本来个个噤若寒蝉，忽然听见玄宗道好，也纷纷应和，对李白连声称赞，金銮殿里一下子就热闹了起来。玄宗微微一抬手，殿里倏忽之间又没了声，气氛却是比之前缓和多了。

只听玄宗道："正如贺老所言，卿家果然惊为天人，蹉跎多年，却是朕委屈了你。"李白听到此处，心里十多年的愤懑终觉释然。在旁边宦官示意下，赶紧匍匐跪地连声道不敢。

玄宗又道："卿家如今既入了京，便供奉翰林，待诏左右，为朕润色鸿业，书写这大唐河山可好？"李白心里自是愿意，只是他在招贤馆待诏时，琢磨多日写下一篇政论《宣唐鸿猷》，只等面圣之时上达天听，如今专门带在身上，便要呈给玄宗一观。正欲答言，玄宗手一挥，又上来一个宦官引李白退立一旁。李白也不便多言，只好赶紧磕头谢恩。

这一天下来，李白虽然没能献上自己的政论，但想以后随侍帝王左右，还愁没有良机？李白只觉得头脑昏昏沉沉，身子又仿佛飘飘欲仙，此时的他虽然不曾喝酒，却仿佛比喝了酒还要醉得厉害。

第二节

待诏翰林　随侍骊山

玄宗的一道诏令，让李白从招贤馆搬进了皇城中的翰林院。翰林院离面圣的金銮殿不远，是金碧辉煌的深宫中一处难得的颇为雅致的院落。这不大的翰林院里，住着全天下士人里的最高层，他们的职责只有一样，就是随时等候皇帝诏命，或草拟诏书，或即兴写诗作赋，供帝王以及文武百官品玩助兴。

这翰林院里住的都是读书人，因而院落之中少有花草，反倒是松兰竹菊一类多有点缀。李白在翰林院的居所外便有一片泪竹，天晴之时，微风拂过竹林，片片竹叶便飒飒作响，李白仿佛于竹海之中听涛声；下雨之时，雨滴坠在竹叶上，仿佛明珠落在了玉盘，叮叮咚咚，珠圆玉润的声音倒似胜过丝竹百倍。

李白住在翰林院里，过得倒也颇为快意。只是这翰林院是待诏文人们的聚集地，若非皇帝诏令，平日里便闲来无事，彼此之间免不了来往，李白本有心结交一二，可这些在朝廷上混迹久了的文人们嘴里说出的，都是些虚与委蛇的场面话。李白也免不了和他们假意逢迎一番，心里却觉得甚为厌恶。

时间一久，李白也无心走动，只把经史子集、《贞观政要》一类的书拿来反复品读，一心等着皇帝诏令。

这年的金秋十月，长安秋高气爽，内侍终于传来了诏令，宣李白即日前往随侍骊山。李白大喜，以为到了用兵之时，把自己平日来写的政论文细细整理好，全部带在身边。

骊山属于秦岭的一条支脉，虽然海拔不高，但贵在风景秀丽，更有自然温泉喷涌，离帝都长安不过四十余里的路程，自秦汉以来，就成为历朝历代皇家专属的休闲宝地。骊山四季分明，加上骊山的温泉不仅舒适宜人，而且有养生的功效，因此热衷于长生之道的玄宗更是常常驾临。

李白骑着御赐的骏马，随着玄宗浩浩汤汤一行来到了骊山脚下。李白一看，这骊山果然名不虚传，自山脚到山腰都修筑了各式亭台，中有抄手游廊相连，廊柱和檐角上都系上了各色绸带，并有宫女数人着绯色轻纱穿行其间。山脚下搭建了戏台，舞女们在台上藕臂微扬、柳腰轻摆，端的是风情万种。

台下帝王所坐案台设于其中，群臣的席位分两列左右排开。案台上设满了各色瓜果和美酒，放在青翠欲滴的碧色瓷盘里。台上跳舞的宫女，更是秀色可餐。

李白也是见过些世面的，如今看到骊山此等景象，却是呆住了。平日里只道蓬莱仙境难觅，原来就在这骊山之中。感叹完心里也暗自好笑，向来以狂风洒脱自诩的自己，如今竟像是土包子进了城。想来大唐王朝地大物丰，我开元天子也应当有如此风范才是。

天子一骑当先，群臣咸集，稍事休整之后，玄宗便下令开宴，歌舞重起，天子与群臣同乐。李白迫不及待地尝了一口杯中御酒，也不知那酒是如何酿制，一眼望去清透见底，入喉却是尤为浓厚醇香。

有好酒兼有丝竹悦耳，李白喜不自禁，一杯接着一杯灌下肚，竟是有了醉意。本是有些担心天子问政，但不一会儿只见君臣尽欢，酒酣人散，大家便各去住处休息了。

第二天，皇帝传旨下来，赐群臣汤沐。之后的几天不是游山就是赐宴。李白起初只觉得皇恩浩荡，遍及群臣，只是时间一久，内心却免不了起了疑惑。他本以为天子欲与群臣畅言国政，哪知自从来了骊山，玄宗整日只顾带着贵妃四处游乐，倒是连每日的上朝议政都省去了。

李白每日也是闲来无事，有一天在山脚下四处乱逛，突然听到有丝竹声恍若仙乐，自山腰天子的寝宫之处传来，细听之下，还有女子和乐而歌，唱的是“伴洛妃，凌波神渚；动巫娥，行云高唐。音和态宛转悠扬，更泠泠节奏应宫商。”想来是《霓裳羽衣曲》吧，确是富贵非常。

只是这丝竹管弦之盛到底是靡靡之音，于国事无用啊。李白忽然觉得，这个他过去魂牵梦萦的朝廷，似乎和他想象中不太一样。

所幸，没隔几天，内侍前来传令，皇上宣李白应诏。李白再一次感到欣喜异常，他以为机会总算是眷顾他了，他带上自己越积越厚的政论文跟随内侍一路上了山腰，来到了玄宗的宫殿外。

可这一次李白却没那么走运，他连玄宗的面都未尝得见。

内侍只吩咐李白跪在殿前待命，不一会儿里面就赐下了文案和笔墨纸砚，天子诏令他献上一篇关于驾临骊山温泉宫的诗，李白虽略感诧异，但也不好多言，不过一炷香的功夫，诗句便成：

羽林十二将，罗列应星文。霜仗悬秋月，霓旌卷夜云。严更千户肃，清乐九天闻。日出瞻佳气，葱葱绕圣君。

——《待从游宿温泉宫作》

诗一写好，内侍便用衬着金色绸缎的托盘呈进了大殿深处。不一会儿，内侍就出来了，但这一次不同的是，内侍满脸堆笑，连声道贺：“太白先生果然文才高绝，陛下看了龙颜大悦，赏了好些东西呢。”李白赶紧叩头谢恩。这一天下来，李白颇为困惑，莫名其妙地被召去写了一首闲诗，竟是换来了一堆的金银珠宝、绫罗绸缎。

自此次之后，李白便常常受到天子的诏令，不在朝堂之上，倒多是在侍宴、游园之时。一来二去，写了好多诸如《宫中闲乐词十首》、《春日行》等在李白看来不痛不痒、无甚用处的“闲诗”。可“有心栽花花不开，无心插柳柳成荫”，李白虽觉得无用，却是回回都讨得玄宗赞不绝口，奇珍异宝不知赏了有多少。

锦上添花的是，除了玄宗的赏识，李白的诗还得到了杨贵妃的喜爱。尤其是天宝二年（公元743年）的暮春时节，兴庆宫里的牡丹花开得正艳，帝携贵妃同游兴庆宫赏花，本来歌舞自有梨园安排，玄宗觉得听腻了那些陈年的旧曲，当即便召李白来重谱新词。

李白待诏久了，玄宗也知李白有才，最是拘束不得，由着他的性子去，方能有惊人之语。李白的胆子由是也渐渐大了起来。这天，帝与贵妃让他以牡丹为由头谱几曲新词，李白却也不含糊，随意自枝头拈下一朵放在鼻间轻嗅，不过片刻，诗句就援笔立成：

其一

云想衣裳花想容，春风拂槛露华浓。

若非群玉山头见，会向瑶台月下逢。

其二

一枝红艳露凝香，云雨巫山枉断肠。

借问汉宫谁得似？可怜飞燕倚新妆。

其三

名花倾国两相欢，长得君王带笑看。

解释春风无限恨，沉香亭北倚阑干。

题名为《清平调词》三首，待内侍呈上供帝与贵妃一阅，玄宗大喜，称赞李白若文曲星下凡。贵妃更是尤为喜爱其一与其二，命宫人拿下去好生誊印装帧，整理好之后送入贵妃宫中。此后贵妃果然爱不释手，闲来无事时常常独自一人吟诵李白的《清平调词》取乐。

有了玄宗与杨贵妃的格外宠爱，李白成了大明宫中新晋的红人，皇帝的赏赐尚且享用不尽，另诸侯文武也总是找不同的借口赠予他各种珍玩。只是李白其人，什么样的奇珍异宝都入不了他的法眼，唯独少不了一样，那就是酒，所谓有酒万事足，用在他身上再合适不过了。

嗜酒的消息传出去之后，李白的居所前更是门庭若市，小到昔日有故交的七八品的小官，大到当朝宰相，都颇费心思地去为他搜罗各式美酒，有的差家丁送到门前，有的甚至主人家自己也来了，一定要陪李白一醉方休。这些人一边送来了奇珍异宝、佳肴美酒，一边小心翼翼地赔着笑脸，只巴望李白能在哪次领命赋诗时为自己美言上一两句。

一日，帝与妃泛舟白莲池之上，只见千万朵白莲纷纷迎风招展，映衬着一池碧水，别有一番风情。一时兴起，便传旨诏令李白前来作《白莲花开序》。

李白今日也是心情舒畅，又恰好遇上故人，高兴起来二人开怀畅饮，竟是喝得烂醉如泥。前来传诏的内侍看了此种情形，却也不能忤逆圣意，情急之下只好找来冷水泼面，胡乱为他套上衣裳带到殿前。李白此时尚自昏沉，勉强倒是写成了一篇《白莲花开序》，只是文义不通兼字歪句斜，帝与贵妃看了嬉笑一阵，到底惜才，便也不以为意。

此事传出之后，玄宗与贵妃对李白的宠爱可谓是昭然若揭，自此李白在大明宫里更是红得发紫、显贵非常。

第三节

贵妃磨墨　力士脱靴

高处不胜寒，站在自己人生中最辉煌的巅峰时刻，李白却发现自己没了当年登顶匡山时“一览众山小”的气魄。他不是不图荣华，只是觉得君子爱财，取之有道，大丈夫空有经世之才，却靠出卖诗文来博得圣宠，这确是有负大丈夫之名。

李白受诏的次数越多，隆宠也愈盛，心里却是愈加地苦闷。索性时常与贺知章等人饮酒作乐，酒随兴起，诗从酒来，整日里放浪形骸，混过好多时光。

岁月如梭，转眼间，李白在长安已经度过三年的待诏时光，一个看似寻常的午后，命运之手悄无声息地把李白推上了他人生的另一个制高点。

这几日来，边关捷报频传，眼下三军气势如虹、蓄势待发，只缺一篇气势磅礴、扬大唐国威的出师诏，便好下令王忠嗣继续带兵征讨。李白如今正是红得发紫，这大明宫里的笔墨之事，自当非李白莫属。玄宗立刻传召下去，召李白代书圣意，作出师诏一篇。

此时的李白尚且流连在汝阳郡王李琎筵席上的觥筹交错之间，内侍来寻他时，已是醉了几分。听到内侍传他进宫为皇上作出师诏，李白顿时来了精神。整整三年了，这是第一次不是陪皇上游园，陪娘娘赏花，这一篇小小出师诏令，大唐风姿却全在其上。李白虽然微醺，却开心不已，终于能接触到朝堂之事了，于是赶忙整顿衣衫，收敛仪容，随内侍进宫。

李白刚一迈进殿门，就发现玄宗、高力士以及贵妃娘娘尽皆等候在侧，龙座旁的几案也已被清空，整整齐齐地摆上了文房四宝，只等他到来。李白正欲行跪拜礼，还未俯身，便被玄宗托住了双臂，道："爱卿不必多礼，快快将我出师诏作来便是。"

李白赶忙坐到文案之前，正欲下笔，奈何酒意尚存，心神不定，文思难聚，索性下座再次朝玄宗一拜："请陛下恕臣失仪。”玄宗笑道：“朕知卿家之意，你只管写，随便一点却也无妨。”李白这才算放了心，一手敞开外衫，一手抹掉头上冠饰，又抿了一盏御茶解酒，方才写将起来。

只见他左手伏案，右手持笔，倏忽之间思接千载、视通万里，莽莽大唐山河自心间掠过，本来闭着的双眼突然睁开，目光如炬，随即挥毫而出，一泻千里，文思泉涌，滔滔不绝。

玄宗本来侧立在一旁，见此情景，也忍不住凑上前去观看，仅看了开头，便面露惊喜之意。谁料李白行文正酣之时，墨却耗尽了，李白本就有几分酒意，行文又如行云流水，中途不可遏制，头也没抬便连声叫着身旁的人磨墨。玄宗和贵妃进殿前，除了高力士外撤退了众人，如今恰好只有贵妃侧立在砚台之旁。

听到李白催促，贵妃心下一惊，抬头看玄宗，玄宗却只顾着看李白的出师诏去了。无奈之下，贵妃只好拿起墨在砚台上胡乱磨了磨。李白蘸墨一写，字迹却粗重不匀，难以分辨，原来是墨磨得太粗了。李白正在兴头上，也不多想，叫了声：“墨太浓，磨细点。”贵妃正要呵斥，却瞥见玄宗正微微蹙眉。原来玄宗也看得兴起，突然中断正感不快。

贵妃虽然心下埋怨，却也不敢拂逆圣上的情面，略微踌躇，也只得放下身段，左手将绣满金丝银线的袖口轻轻扶住，右手微微用力握紧墨块，在砚台之上轻拢慢捻般细细地研磨起来。自贵妃进宫以来，除了玄宗，谁还有过这样的待遇。随着贵妃藕臂的微微转动，粗细均匀、饱满厚重的墨汁慢慢溢满了砚台，玄宗这才对贵妃点了点头，以示赞赏。

可这么一打岔，李白的思绪却为之一顿，扶着头苦思冥想了一会儿。又觉得脚上不舒畅，正好案几旁边有一双手，李白仗着几分酒意，便也不管不顾地把脚往上一放，吩咐道："帮我脱了。"李白一言既出，却没见动静，抬头一看，正对上高力士恶狠狠的目光。

这高力士可是随侍皇上身边的第一红人，除了任大明宫里的宦官总领，还是骠骑大将军。玄宗一向视他为心腹，对其信任有加。他在皇上耳旁的一句话，可顶得上朝堂上老臣的十句了，满朝文武任谁也要让他三分。

玄宗一心只在李白的诏文上，也罔顾其他，只挥了挥手，示意高力士照做。高力士心中不禁暗骂李白，自己平日里可谓一人之下万人之上，谁见了他不得恭恭敬敬叫声"高公公"，你李白算个什么东西，纵使眼下隆宠正盛，可这皇帝眼前的红人换了一批又一批，唯一不变的到底还是只有我高力士而已。

虽然极不情愿，高力士还是强自按下性子，为李白脱靴。一只脱完，高力士正要擦手，李白的另一只脚却早已伸了过来。高力士无奈，只好又帮李白把这只靴子脱掉。这时高力士心里下却暗自打定主意，一定要把这不识时务的乡野村夫赶出宫去，让他去那穷乡僻壤终老一生吧。

贵妃和高力士都心中有怨，李白却毫不知情。也不过一盏茶的工夫，洋洋洒洒的出师诏便写成了。读来只觉得大气磅礴、气象万千，更兼李白的字瘦劲有力且不乏仙姿，倒是连誊抄的功夫也免了。玄宗大喜，只道李白果然是万里挑一的旷世奇才，当即便赏下了成箱的绫罗绸缎，奇珍异玩，另外还特允了李白中书舍人的差事。

中书舍人是专门为皇帝司掌诏命、代草王言的官职。李白跪在殿前只觉得实在是皇恩浩荡、福泽深重。李白想自己多年不得志，待诏三年也不过虚度光阴，如今任了中书舍人的差，这传阅四方的天子诏令、普天之下莫敢不从的圣旨，说不定就会出自自己之手。他第一次觉得站在了离权力巅峰如此之近的地方，多年来的梦想仿佛触手可及！

李白任了中书舍人的消息一传开，翰林院里便炸开了锅，平日里与李白故交甚好的，或者只有一面之缘勉强认识的，甚至以往有过节的，都纷纷拥到他的居所前来道贺，满眼皆是欢颜笑语。李白自己也是快意非常。

李白在翰林院不大的居所里依旧高朋满座，却不知道一场暴风雨正悄然来临。

第四节

宠极遭妒　自请归山

李白自任了中书舍人，也算是完成了自己毕生的心愿，嗜酒虽不能改，却多是点到为止，少有醉时，日子过得是惬意非常。

高力士虽不言，心里却是早已打定了主意，早晚要把李白赶出长安方肯罢休，只愁找不到良机。寻常官员一旦闻达，免不了有人阿谀奉承，时间一久，总会有些贪墨的把柄。玄宗独宠杨贵妃，常常连早朝也不上了，虽然政疏业怠，但却唯独最恨贪墨，任是皇上跟前再红的人，被拿捏住了贪墨的把柄，也逃不了被贬谪到那穷乡僻壤的命运，这辈子要想重回长安，却是不能够了。

但李白却并非常人，什么珍奇异宝都不稀罕，唯独爱酒，最多也不过在主人家的筵席之上贪饮几杯，或者酒后失态。李白嗜酒，满朝皆知，玄宗更是不以为意，何况收别人几坛酒也算不得贪墨。除去饮酒，李白却也没了别的爱好。高力士虽有心，竟是抓不到李白的错处，却也是无奈。

一天，驸马张垍前来觐见玄宗，走到殿前，见高力士正倚在汉白玉的廊柱上出神。伴随着李白的荣宠愈盛，力士脱靴的事情也是传得沸沸扬扬。张垍岂会不知。今日眼见高力士一人在那苦思冥想，心念一转，便什么都明白了。

张垍主动上前朝着高力士作了一揖，恭恭敬敬地唤了声“高公公”。高力士这才急忙收敛心神，见是张垍，心下颇为诧异，不知他寻自己有什么事。张垍看着高力士却也不多言，眼珠一转，只道：“高公公所思之事，或许贵妃娘娘能助您一臂之力。”说完也不待高力士答言，便自顾自地走了。

自李白进宫待诏那一天起，张垍心里便止不住地忧虑，生恐李白会借机报复自己。如今等了许久，虽然李白那边毫无动作，但只要李白在宫中一天，就始终是个祸患。更何况如今玄宗对他隆宠加身，万一哪天他在皇上面前参自己一本，却是防不胜防。张垍早就想除李白而后快，今天看到高力士在那神思，就想到了借刀杀人。

张垍虽然走了，高力士却仍然在细细揣摩他的一席话。“贵妃娘娘……这便是了！”高力士突然忆起自己为李白脱靴那天，贵妃娘娘也给李白磨了墨，脸上也似乎隐隐有不快之色。这贵妃娘娘可是专宠已久，她的一句话便是满朝文武加到一起也顶不上呢。想到此处，高力士计上心头。

时间又过去了几天，正赶上宫里新得了一批进贡的绢花，纱质薄如蝉翼兼颜色艳丽，仿的正是那牡丹的形态，玄宗只看了一眼，便叫高力士给贵妃娘娘送去。

那绢花送到贵妃宫中，贵妃果然十分喜欢，复又赏了高力士许多东西。高力士谢过恩典，却并不告退，只面露为难之色，对杨贵妃道：“请娘娘恕微臣莽撞，有一事微臣不知讲与不讲。”

高力士虽是宦官，却是玄宗的得力助手，贵妃也不敢轻易得罪，只赶忙道：“高公公何必烦恼，有什么话尽可说来。”高力士指着贵妃案几上摆着的几页诗稿道：“这些腌臜玩意，贵妃娘娘还读它作甚。”

杨贵妃望着李白的《清平调词》，颇为不解。高力士索性走过去拿起其中一页走到贵妃跟前，那正是《清平调词》其二。高力士在“借问汉宫谁得似，可怜飞燕倚新妆”一句的“飞燕”二字下用手指点了两点，贵妃一下明白过来了，登时怒不可遏。

“那赵飞燕虽则有倾城美貌，却是亡国灭种的红颜祸水啊，”贵妃心中暗自思忖，“这李白平日里放荡不羁便罢了，如今竟变着法儿的骂到我头上来了。”眼见贵妃脸色突然间不好看，高力士见目的达到，也不再多言，赶忙悄悄地退了出去。

贵妃专宠多时，十个晚上玄宗倒是有九个晚上是在杨贵妃那里度过的。偌大的后宫唯杨氏一枝独秀，但贵妃专宠已久却一直没有子嗣，朝堂上的大臣们早已是议论纷纷，暗地里都拿她比褒姒与妲己，杨贵妃又岂会不知。

李白的这句诗恰好戳到了贵妃的痛处，使贵妃以前对李白两三分的不满如今却是变成了十分。玄宗见李白才思敏捷，本有意提拔，奈何贵妃时常在耳边列举李白的种种劣迹，说他放荡不羁，整日里胡言乱语，早晚有一天会惹出祸事来。玄宗起初还不以为意，听得久了也对李白生了厌心，本想寻个由头打发他出京，李白却又无甚错处。玄宗也无奈，却是不再召李白前来代草王言了。

李白原本荣宠正盛，却不知从哪一天起，皇帝的诏令却是越来越少，到后来竟是一次也没有了。李白这中书舍人也成了个闲差，李白虽然感到事情蹊跷，却也摸不着头脑。倒是整日里被关在这深宫之中，百无聊赖，苦闷非常。慢慢地，翰林院里的人见李白失宠，来拜访他的人也渐渐少了。李白坐不住，便去找自己的故交贺知章。

到得贺知章门前，李白尚未来得及打招呼，贺知章便迎了出来，道："太白小友如何来了，我可正准备找你去呢。"只见贺知章拿起桌子上墨迹未干的一封书表递给李白，仔细一看，却是一封告老还乡的上书。

李白正不解，贺知章却兀自叹道："太白小友勿要疑惑，如今这朝野可是大不相同了，我这把老骨头是待不下去了，告老还乡不过早晚的事。"原来李白整日里闷在翰林院写诗练字，却是不知朝中局势。宰相李林甫与宦官高力士沆瀣一气，玄宗又一味沉溺女色，与杨贵妃夜夜笙歌，不上早朝是有些时日了。

递上去的书表奏折，一多半根本没过玄宗的眼，直接便由高力士一干人等批复了事。如贺知章一类的老臣，早已经在朝堂上说不上话了。

李白听了老友的一席话也是感慨万千，暗自思忖玄宗疏远自己多半也是与高力士脱不了干系。欲要劝慰老友却又不知从何说起，两人相顾无言，只好痛饮解愁。

果不其然，天宝三年（公元744年）正月，贺知章告老还乡。看着老友离去的背影，李白心里有千言万语却说不出半句。那天晚上，大明宫翰林院里，明月高悬，竹影阑珊，李白又喝醉了，这一次却是独醉。偌大的大明宫，却无一可以交心之人。清冷的月光映衬着他孤独的身影，分外凄清。正是：

花间一壶酒，独酌无相亲。
举杯邀明月，对影成三人。
月既不解饮，影徒随我身。
暂伴月将影，行乐须及春。
我歌月徘徊，我舞影零乱。
醒时同交欢，醉后各分散。

永结无情游，相期邈云汉。

——《月下独酌》四首其一

在无数个夜晚的挣扎和徘徊里，在一次又一次的希望和失望中，看着这座华丽却冰冷的宫殿，李白决定选择离它而去了。他手里捧着玄宗“赐金归山”的诏令，于楼观台之顶回首一望这留下了他最低谷和最辉煌年华的长安城，终于是洒泪而去。

第六章 莫使金樽空对月

恍惚间，李白低头望去，发现自己正在镜湖之上，自己的倒影飘忽若仙，洁白的长衣飞跃过镜湖，来到剡溪旁，清凉的溪水，荡涤在李白的心间。在这一瞬间，所有的烦恼都消除了，有的只是宁静与山水。

第一节

李杜之谊——高山流水遇知音

天宝三载（公元 744 年）仲夏时节，带着满眼的萧索和一身的疲惫，四十四岁的李白孑然一身离开了长安。他的梦想既然不在朝堂之上，或许藏匿在那山野之中。李白沿着奔涌不息的黄河一路向下，准备取道东京洛阳折回自己在东鲁的老家。

此时的他虽然官场失意，但却名满天下。东京的友人知道李白来了洛阳，便专门设下筵席、寻来好酒，为李白接风洗尘。李白自长安出来，胸中是憋了千言万语却无人可说，能大醉一场自是求之不得，接到邀约当即便欣然前往。主人知道李白嗜酒喜歌，于是又邀请了洛阳城里颇有雅名的文人骚客相陪。这一无心之举，却促成了后来文学史上令人瞩目的两颗巨星的相会。

洛阳城里许多人都知道待诏翰林的李学士如今赐金归山，那天的筵席上，除了主人邀请的，还多了许多不速之客，一时间宴会上人满为患，大家都斟满了酒来向李白道贺。唯有宾客席的末端上坐着的一个人觉出了蹊跷，他虽然早知李白是“狂客”，是“酒仙”，但看李白豪饮的眉眼间尽是愁容，这哪里是在开怀痛饮，分明是闷头在喝苦酒。

觥筹交错之间，李白在那些陌生的面孔中来回逢迎，分明感觉到一道目光一直落在他的身上久久不肯离去，这目光仿佛能洞察一切，看穿他的心底。

李白循着目光看去，看到了一个面容清俊、身姿英挺、衣着甚为朴素的年轻人坐在那里。李白心下诧异，不知是哪家的青年才俊。正疑惑间，主人便附耳告诉道：“太白兄可识得那人？那便是写《望岳》的杜子美。”

李白恍然大悟。自己初读杜子美的《望岳》时，便仿佛遇见了年轻时的自己，那“会当凌绝顶，一览众山小”的诗句，和自己年少登匡山时的心境何其相似。如今见了他，果然和自己想象中一模一样，只见他衣着虽不华贵，周身却自有一股雄壮之气。看到此处，李白为自己斟满了酒，端起了酒杯径直向子美走去。

此时的杜子美三十有三，刚刚娶了亲，正是意气风发之时，虽然因为《望岳》、《登兖州城楼》等在文人间颇有诗名，但到底是一介布衣。而李白在长安待诏翰林三年有余，除了诗名在外，更是有贵妃磨墨、力士脱靴的美谈。如今李白亲自向杜甫敬酒，却也算得上是屈尊了。

杜甫虽然一方面觉得自己受之有愧，却又为李白真心相交而感到高兴。当即站了起来，谦逊地朝着李白俯首一拜，朗声道：“既然太白兄如此盛情，那么为了‘飞流直下三千尺，疑是银河落九天’，我只好恭敬不如从命了！”当即便一仰头喝尽了杯中之酒。

筵席过后，李白尚且要在洛阳盘桓几日，拜访了几位故交后便想起了这位新结识的年轻人。李白与杜甫的情谊和李白与孟浩然、贺知章之间的友情大为不同。杜甫比李白小数岁，脾性又像极了年轻时的李白，两人不过交谈了几句，便颇有相见恨晚之意。

杜甫为人坦荡、待人真诚，二人相交不久就成了可以推心置腹的朋友，李白那些沉积已久、不足为外人道的心里话，终于找到了一个可以信赖的倾泻口。几日之后，李白要赶去开封寻自己的一位族祖，杜甫也要赶回家中为去世的继祖母料理后事，二人只有就此作别，相约秋后于梁园相聚，一起去寻道求仙。

这一年的秋天，草黄马肥，天气也是难得的清爽宜人。李杜二人终于在梁园重聚，恰好诗人高适也路过此处，三人志气相投，决定结伴出游。高适觉得此时秋高气爽，正是狩猎大泽之中的好时节，却是比寻道修仙来得畅快。李杜二人自是欣然同意。

李白、杜甫、高适三人之中，当属李白最为豪放不羁。有一次，李白于马背之上搭弓远射，目标直指高空之上的一只落单大雁，谁知一箭射空，那大雁受了惊，愈发飞得又高又远。

李白哪肯轻易罢手，竟是追着那只大雁不放，一口气策马跑了四五十里。

这可苦了跟在李白身后的杜甫和高适，两人见李白突然向前疾奔，也只好跟在后面猛赶。奈何李白骑术过人，杜甫和高适一会儿就跟丢了人，还迷了路，直到日暮之时才回到城中。有了梁园一聚，李杜二人的情谊愈发深厚。杜甫还专门赋诗两首赠予李白，其一为：

二年客东都，所历厌机巧。野人对腥羶，蔬食常不饱。
岂无青精饭，使我颜色好。苦乏大药资，山林迹如扫。
李侯金闺彦，脱身事幽讨。亦有梁宋游，方期拾瑶草。

——《赠李白·五古》

李白虽狂放不羁，然而对于长安，对于他的从仕之梦，对于这个大唐王朝给予他的伤痛，李白却久久不能释怀。梁园之行后不久，李白便决定找到北海郡的高天师为自己授“道箓”，或许只有超然于尘世之外才能抹去世俗带给他的伤痕吧。

李杜二人自梁园一别，到了次年夏天，才在济南司马李之芳的筵席上重聚。二人久别重逢，分外欢喜，两人毫不拘谨，把酒言欢，其乐融融，直到月上三更，二人喝得尽皆醉倒，这才作罢。是夜，李白和杜甫同床而眠，彻夜长谈，一直到东方泛起了鱼肚白，两人才沉沉睡去。

第二节

北郭寻范十，石门伤别离

时光飞逝，岁月如梭，李白与杜甫就这样走过整个夏天。待到秋风萧瑟、落叶纷飞，二人又一起来到了鲁郡北郭，拜访在李之芳筵席上结识的隐士范十。

一路上灌木丛生，碎石成路，四周树木林立，间杂花草，林间花香鸟语，好不惬意。二人一同沿着小路走着，碎石路磕磕绊绊，二人倒也不以为意，反而欣赏起周遭景色来。走着走着，竟然迷失了方向。

李白看着杜甫，笑道：“修道之人，必当顺应天意，天意让我们流连于此，岂能不从。”杜甫也笑道：“可惜并无好酒，不然酒伴身行，岂不快哉！”一提到酒，李白顿时来了兴致：“如此，当要速速找到范十。”

渐渐地，二人走出树林。眼前一片碧海，碎石路两旁均是苍耳，李白走在前方，衣服上挂满了苍耳。李白想要凑近仔细查看，岂料路面湿滑，竟滑到在灌木丛中。这下可好，帽子掉了不说，头发上还粘了七八个苍耳，远观倒像几个小刺猬黏着李白，李白甩了甩头，见抖不掉，也就作罢。

终于在穿过苍耳丛后，迎面来到一座庄园，白墙青砖，朴实无华，倒也平添一份幽静。李白加快了脚步，一进庄园，便把来迎客的童子吓了一跳，还不等童子通报，李白大步流星地走了进去，一边走一边大喊：“范老十，你看看我是谁啊。”

范十起初愕然，这灰头土脸满身苍耳的，怎么可能认识，再定睛一看，这飘然的姿态，当是李太白无疑啊。走过去仔细一瞅，又看到随后而来的杜甫，便哈哈大笑：“多日不见，竟是这般模样！”三人一同大笑。

落座后彼此诉说了这几年的际遇，三人言笑甚欢。范十见童子沏茶，便叫道：“别沏茶了，前些天刚酿的酒拿上来，再弄点瓜果小菜。”李白说道：“你这地方幽静宁远，倒是过得好生惬意。”

三人彼此满上酒，觥筹交错，开怀畅叙，从三皇五帝到战国七雄，从秦皇汉武到南朝北朝，再谈到如今的大唐江山。三人各抒己见，直聊到夕阳西下，酒坛见底，尽皆大醉，便吟起诗来，不知过了多久，三人都沉沉睡去。

这十来天里，李白和杜甫形影不离，每每相伴一起，共同游赏庄园周边的景色，一起论诗文、言时政、说修道、谈养生，都绝口不提仕途。

二人席地坐于林间，看一阵风吹来，林间落叶纷飞，在地上积起厚厚的一层，感受着风起叶绕的二人心如止水。这一刻，远离了尘嚣，远离了世事，远离了凡俗。二人的心紧紧地连在一起。

快乐的时光总是短暂的，李白和杜甫还是到了要与范十告别的一天。三人性格虽为豪爽，却也有依依不舍之意。范十要李白与杜甫留诗为赠。李白望着天空，看着庄园，感慨良多，提气大声朗诵道：

雁度秋色远，日静无云时。
客心不自得，浩漫将何之？
忽忆范野人，闲园养幽姿。
茫然起逸兴，但恐行来迟。
城壕失往路，马首迷荒陂。
不惜翠云裘，遂为苍耳欺。
入门且一笑，把臂君为谁。
酒客爱秋蔬，山盘荐霜梨。
他筵不下箸，此席忘朝饥。
酸枣垂北郭，寒瓜蔓东篱。
还倾四五酌，自咏猛虎词。
近作十日欢，远为千载期。
风流自簸荡，谑浪偏相宜。
酣来上马去，却笑高阳池。

——《寻鲁城北范居士失道落苍耳中见范置酒摘苍耳作》

一诗既毕，气概万千，引得三人热泪盈眶，哽咽不语。杜甫顺势也作了一首《与李十二白同寻范十隐居》，三人尽皆落泪，就此作别。

天下没有不散的宴席，李杜二人到了石门，也要告别了。二人都已修身齐家，只是治国平天下太过遥远。在仕途上一再失败的李白和尚未起步的杜甫，未来还能否再见尚未可知。想到路途遥远，前途未卜，心存茫然，杜甫遂为李白饯行作一首绝句：

秋来相顾尚飘蓬，未就丹砂愧葛洪。痛饮狂歌空度日，飞扬跋扈为谁雄。

——《赠李白》

二人心有戚戚，感到前路飘摇。李白心中感慨，放声长啸，随即口占一诗：

醉别复几日，登临遍池台。何时石门路，重有金樽开。秋波落泗水，海色明徂徕。飞蓬各自远，且尽手中杯。

——《鲁郡东石门送杜二甫》

二人就此离别，一去江东，一往长安，虽各天涯一方，但心在咫尺。二人时常书信往来，彼此寄诗，此间真情，后世传为佳话。

第三节

南下越中伤感怀

被斥去朝过后的好长一段时间，李白陷入了萎靡的状态，纵然有朋友的帮助，烈酒的麻痹，李白心中的伤痛依然挥散不去；杜甫的离去更让李白陷入低迷，以至于大病一场。直到天宝五年（公元746年）入秋才恢复过来。

病愈后的李白想到的第一件事就是出游。越中的天姥山，谢老的诗，贺老的推荐，让李白无时无刻不在向往着这个地方。就在一天夜里，李白来到了这个吴越之人都言之缥缈的地方。

高耸入云的山峰，巍峨挺拔的山势，半山高处，云霞环绕，整座山峰时隐时现。连绵不绝的山体，比五岳更加大气磅礴。

在她的巍峨之下，赤城山也被她所掩盖；同样被李白所向往的天台山，一万八千丈的高峰，与天姥山相形之下，竟然也似向之倾倒一般。如此气势，简直压得李白喘不过气。

恍惚间，李白低头望去，发现自己正在镜湖之上，自己的倒影飘忽若仙，洁白的长衣飞跃过镜湖，来到剡溪旁，清凉的溪水，荡涤在李白的心间。在这一瞬间，所有的烦恼都消除了，有的只是宁静与山水。抬头看去，谢灵运的住所仍在山下，与山与水浑然一体。猿猴的清鸣，忽近忽远，回响山谷中，悦耳不已。

离开谢公的住处，穿上他的木屐，李白登上仿佛由缥缈的白云搭建的天梯。远处的大海上冉冉升起一轮红日，那和煦的日光，穿透了云层，漫天的红霞，洒在李白的心里，暖暖的心听见的来自天际的鸡鸣，仿佛一声声慰藉带走了李白心中的压抑。

前方的道路，随着白云飘摇不定，李白的脚步也随之缥缈找不到踪影。李白停住脚步，欣赏着鲜花，依靠着山石，转瞬间又到了晚上，漆黑的夜里有着深邃的星空。突然一声巨响，一头巨熊站在山巅咆哮，引来一条金龙在云间长吟呼应，他们的声音相互交织震荡在山泉间，使泉水也发出嗡嗡的声鸣。整个山林都战栗起来，自然的力量充斥在山间，让李白为之折服。

霎时间，乌云密布，水雾朦胧，李白裹紧了衣裳，遥望着天空。“啪！”一道闪电伴随着雷声轰然而下，整座山峰为之颤抖，纵然是巍峨的天姥山，在自然的力量之下，也只能为之倾覆。

一道又一道的闪电仿佛要劈裂这座山峰，一道白光闪过，仙境的石门訇然洞开，清澈的天空一望无际，日月生辉的宫庭呈现出日照月耀的金砌银台。天边的彩虹成了宫阙的彩衣，天上的神仙纷纷到此聚会。李白整个人都惊呆了，看着那老虎为他们鼓瑟，成群的仙人乘着鸾鸟驾的车来到此地，一派歌舞升平的景象。

李白想要凑得更近，却光随影散，他猛地坐了起来，原来刚才发生的都是梦。倘若是梦，又为何那么的真实，李白按捺住自己狂跳不止的心，将梦中的所见所闻尽皆记录成诗，题为《梦游天姥吟留别》，作为临别纪念赠予了东鲁的友人们。

离开了东鲁，李白踏上了南下越中的旅途。长安成了他心里一块挥之不去的阴影，越是靠近她，越是痛苦得仿佛要窒息；只能远离她，躲避她，才能让自己伤痕累累的灵魂得到解脱。可他不知道的是，这次南下，却成了回忆伤怀之旅。

睢阳清冷池，他写下了《鸣皋歌送岑征君》，回想起的是当年意气风发和如今暗淡别离的自己；三月下扬州，他写出了《留别广陵诸公》，回忆起这些年曾经觉得灿烂，如今却感黑暗的大唐王朝；金陵重游地，他留下了《登金陵凤凰台》，记忆中的兴亡感慨，如今已变成不见长安的愁绪；丹阳遇纤夫，他描绘出《丁都护歌》，眼看着这些铮铮铁骨，为了生活迸发出悲哀的怒吼。

一路下来，他在吴郡留下了《苏台览古》；在越中留下了《越中览古》。在会稽郡得闻贺老仙逝，悲痛的他写下了《对酒忆贺监二首》。曾经的忘年之交、金龟换酒，与贺老的一切都历历在目，如今的沉痛已生生烙在李白的心。这一刻的他是如此的脆弱，但即便脆弱，也必须走下去。

终于，李白来到了道家的发源之地、传说中的蓬莱仙山——一万八千丈的天台山。此刻来到山下，李白才发现这里如此地令人神往。

高耸入云的山峰，直往天际，上古的仙人，恐怕真的在此留宿吧。恰逢其时的白云始终遮住了山峰，周围却万里无云，湛蓝的天空包裹着云端，让人感觉好不真切。灿烂的阳光洒满了整个山峰，峰峦耸翠的山峰反射着金光。整个天台山显得异常的耀眼，让李白感到温馨与舒适，心中的伤痛得以缓解，压力与悲伤得以消减。

李白迫不及待地向上登去，那漫长的山路，仿佛在考验李白的决心。此刻的李白心中充满了渴望，即便是那漫长的山路，也走得如此惬意。李白越走越快，健步如飞，仿佛得道仙人，要飞升一般。

那一刻，他来到了华顶，直望东边翻滚的大海，波涛汹涌，壮阔波澜，仿佛有鲲鱼潜伏，将要一跃出海。那阳光穿破天际洒向海上的白云，白云联结着大海。波光粼粼的海面时而怒涛奔涌，时而宁静如镜。

李白已分不清云海与大海，他脑海中只有一个念头——蓬莱仙境。这定是那传说中的蓬莱仙境，王侯将相都曾向往的地方，必在于此。李白的心仿佛也跌落在云端，那种飘在空中的感觉，前所未有。有点忐忑，但飘逸扩散于胸，带着舒适与温暖的李白遨游在天际，慢慢悠悠，久久不肯回来。

月上杆头，天台山的明月显得格外的明亮。皎洁的月光，伴着漆黑的海面，泛起点点波光。远方仿佛还能听到大海的波涛，又仿佛是李白的心声，一下，一下，撞击着山脚，撞击在李白的胸膛，已经有许久许久没有像今天夜晚这般宁静了。

当年拥有这般心境的时候，好像还在那庐山瀑布之下，拔剑起舞，状若仙人，那尘嚣的乱世此时仿佛已经远离了李白。此刻的李白，心如明镜，静若止水，仿佛已经没有什么可以打扰到李白的清静。一切仿佛都是那么美好。

可惜，上天一次又一次地考验着李白，注定不给他长久的宁静。李白又会经历怎么样重重的考验呢？命运的漩涡开始转动，一切都将从他离开天台山开始。

第四节

黑云压城城欲摧

李白从越中返回到金陵，一系列令人胆寒的消息铺天盖地而来，水陆转运使韦坚首当其冲，被李林甫先贬出长安，继而逼死；“八仙”之一的李适之也遭受株连，服毒自杀；随后是名满天下的李邕，同样为李林甫记恨，被李林甫派去的爪牙严刑逼供，活活打死；紧接着又是王忠嗣，因阻挠圣上发兵获罪，被李林甫落井下石，险些被处以极刑，最后被流放，忧郁而死。

李林甫在长安大肆诬陷忠良、排除异己。李白现已是一介布衣，不敢直撄其锋，便整日游手好闲，饮酒作乐。大家视其疯癫，便不甚与他往来。紧接着两年，关中大旱，百姓苦不堪言。李林甫一党忙于应对灾害，迫害这才停了下来，也使李白与杜甫免于劫难。

李白对当今政坛已经越加不信任。在躲避了李林甫剿除异党的行动过后，李白辗转来到了幽州。本欲投笔从戎，从此为国效力，却发现此地兵强马壮，军备扩充之猛，远超过自己的想象。李白疑惑不已，虽然此时边关吃紧，可也未必需要如此军备，难道节度使安禄山别有用心不成？

此念一起，李白便到城中四处查探，有多年游侠经验的他迅速得知了一件事，安禄山招兵买马，并不是为了朝廷，很可能是要造反。想到自己险些来此投军，李白不由得吓出一身冷汗，若真在此参了军，这一世的名声可就毁于一旦了啊。

李白连夜离开了幽州，赶到长安，想要把此事告知朝廷。可是当今朝廷忠良尽皆被贬，朝廷上下硬是找不出与李白相交甚笃的人。此刻的李白是心急如焚，倘若安禄山一旦叛乱，大唐百姓必将陷入水深火热之中，到那时，战火通天，百里焦土，尸横遍野，百姓也将颠沛流离，家园尽失。

李白在长安城中想要找寻进宫的办法，不料路遇一行官兵押着一辆囚车，欲出长安城外。李白上前问道：“他们犯了什么罪啊？”那押解军官答道：“他们好大的胆子，竟然敢诬告王爷，自然要押回幽州处置！”李白闻言大惊，看来告发安禄山此路已经不可行，他只得作罢，再次离开了长安。

此刻的李白已经感觉奸臣当道，救国无望。国家大难临头的局面已经不可避免。李白看到当今圣上心系美人，无心问政，大唐江山，竟落入小人之手。如今李林甫当政，排除异己，铲除忠良，偌大的朝堂之上，已不见直言之人。后宫宦官当道，高力士卖官求财。

大唐幽州，已落入安禄山之手，这厮起兵造反，只待时机，可朝廷不闻不问，放虎归山。李白心比圣贤，只得落泪。悲痛之余，李白创作出了《古风·殷后乱天纪》。

李白又回想起历史上那兵荒马乱的年代，自己多想化为乐毅，如当年势如破竹，下齐七十余城。若自己能够像他一样，必然荡平幽州，讨伐乱臣，剿灭乱党，还大唐河山一个安宁。可是如今的自己却又像当年的孔子与老子一样，面对乱世，丝毫没有办法，只能坐看百姓苦、天下大乱。于是李白又写下《三季分战国》来表达自己报国无门、无力讨贼的处境。

既然阻止不了，又无能为力，李白下决心要躲避这场乱世，远离这场纷争。本就与自己无关的朝廷，我又何必自寻烦恼？恰逢其时，李白的从弟李昭寄来书信，邀请李白一起去他治下的宣城。宣城不仅是旅游胜地，更兼聚集六朝文物，还有李白最仰慕的谢朓的遗迹。李白便收拾行装，前往宣城。

李白换上了道服，决心出世，一路奔宣城而去。不知不觉，便到了横江渡这个必经之地。谁知到了横江渡，面对滚滚长江，李白的心也随之翻涌起来。

霎时间，他仿佛看见了安禄山的千军万马滚滚而来。他看见了远处烽火连天、硝烟弥漫。一时间，呐喊声，砍杀声，刀剑相交，官兵和叛军打得不可开交、昏天黑地，直到刀刃已卷，锋利的刀剑变成了钝器，砍在人身上如同斧子一样，深深地陷入骨肉，拔之不出。上一刻的胜者下一刻便成了亡魂，对攻战变成了白刃战，白刃战变成了消耗战，双方的士兵战至最后，竟没剩下一兵一卒。

鲜血染红了大地，浸透了泥土，战士们的尸体横七竖八地倒在战场上。乌鸦在天空徘徊，让寂静的战场充满了不祥的悲鸣。

没有谁是胜利者。李白听到了一个个失去孩子、失去丈夫、失去父亲的家庭的失声痛哭；看到头发花白的老翁、身穿白衣的妻子、头系白带的孩童哭红了眼。洒在空中的漫天黄纸，寄托着他们的思念，宣泄着他们的悲痛，咆哮着他们的怨怒。这一幕幕的场景，翻滚在长江里，梦魇般地映入李白的眼帘。

李白回过神来，一颗心狂跳不止，他看到的、听到的，就是即将要发生的事，这一切太过可怕，可怕到李白都不敢去想象，唯有诗词，能寄托他的情怀。于是，在这横江渡口，他写下了《横江词六首》：

其一

人道横江好，侬道横江恶。

一风三日吹倒山，白浪高于瓦官阁。

其二

海潮南去过浔阳，牛渚由来险马当。

横江欲渡风波恶，一水牵愁万里长。

其三

横江西望阻西秦，汉水东连扬子津。

白浪如山那可渡，狂风愁杀峭帆人。

其四

海神来过恶风回，浪打天门石壁开。

浙江八月何如此？涛似连山喷雪来！

其五

横江馆前津吏迎，向余东指海云生。

郎今欲渡缘何事？如此风波不可行！

其六

月晕天风雾不开，海鲸东蹙百川回。

惊波一起三山动，公无渡河归去来。

告别了汹涌的长江，李白终于来到了宣城。此后的他，在此地流连忘返，既有舒适、惬意，也有寂寞、孤独。

即便是在这修道圣地，李白的心中也始终没有放下对大唐的关怀，然而与自己同登谢朓楼的叔父从李华的口中得到的总是令人心惊意冷的消息。自己有志难申，想起曾经的诗人谢朓，李白心下唏嘘，感慨良多，便挥笔在谢朓楼上写下《陪侍御叔华登楼歌》。此刻的天边，正如李白的心境一般，沉重不堪。整个神州大地，乌云密布，黑暗，终将来临。

第七章 入幕重返仕坛

这一夜，李白站到了开封城前，他手持长剑，面呈杀气。对着他的，是那二十万的叛军。一名敌将策马朝他冲来，李白高高跃起，飞身将那人斩于马下，而自己则恰好落在马背上。

第一节

烽火连天血成河

这一天终究来了，天宝十四载（公元755年）十一月，安禄山于范阳起兵，兴兵二十万南下，一路上望风披靡，河北诸郡不战而降。其间势如破竹，竟无人能挡。李白此时尚在金陵，却发现自己还没有做好避乱的准备，便慌忙随着众人一路逃亡。

李白一路南奔，北面的天空已被硝烟染成了黄色，南面的诸城早已燃起了烽火。各郡守刺史，有不战而降者，有死战不退者。李白仿佛看到城门下叛军驾冲车、搭云梯攻城。远方的投石机将一团又一团浸油点燃的飞石送入灰暗的天空，那一个个火球仿佛流星一般砸向城中，所到之处，寸草不生，万物尽毁，死亡的气息弥漫在战场。

伴随着呐喊声，士兵们纷纷架起云梯，向高高的城墙爬去。城楼上的士兵将煮沸的油锅倾倒而下，瞬间惨叫声不绝于耳，那些在云梯上的士兵纷纷掉落，有的摔死，有的被火烧死。焦臭的气味阻挡不了叛军攻城的野心，一遍又一遍冲撞城门的冲车终于把大门砸开一个洞。

城门既破，攻城战变成了白刃战。骑兵以千钧之势冲入城中，城中士兵扬起长矛，那为首的一列骑兵瞬间被长矛洞穿，骏马的嘶鸣充斥在整个战场，后继的骑兵跨过同伴的尸体，操起马刀将那些长矛手尽皆斩首。

骑兵的任务完成了，叛军终于得以进城，士兵们转为巷战。此时士兵早已杀红了眼，但见不是己方衣甲的，尽皆斩杀。

整场战斗持续不过半日，在李白的眼中却仿佛过了许久。战后的城池尸横遍野，城中的巷道早已堆积起了鲜血，井水被血水所代替，偌大的城中，已找不出几处完好之地。

战争的残酷伴随着战报传入李白的耳中，之前的想象逐一变成了现实。李白双手抱头，难以接受。为何安禄山要起兵谋反？为何朝廷的军队会不堪一击？他苦苦思索也找不到答案。

这些日子的李白，彻夜难眠。

这一夜，李白站到了开封城前，他手持长剑，面呈杀气。对着他的，是那二十万的叛军。一名敌将策马朝他冲来，李白高高跃起，飞身将那人斩于马下，而自己则恰好落在马背上。

叛军的步兵、骑兵同时朝李白攻去。李白策马奔腾，剑光飞舞，那宝剑削铁如泥，剑锋过处，血如泉涌，剑芒四射，敌军纷纷落马。李白左冲右突如入无人之境。

半个时辰之后，李白的白衣早已被鲜血染红，只是，那都是敌人的血。敌人不敢上前，只是把他团团围住。远方的弓箭手弯弓搭箭，齐射过来。李白持剑格挡，箭雨纷纷断折，可惜数量太多，他终于还是中了第一箭、第二箭……身中数十箭的李白与胯下同样被箭雨洞穿的战马一同倒在了地上。李白大喊：“奈何有心杀贼，无力回天！”说罢眼前一黑，就此倒下。

恍然间坐起，李白方知是梦。这样的梦却恰好击中了李白的心，我身为士族，不求报国，反而归隐避乱，岂不为天下人耻笑。奈何想要报国，却无路可寻，只能一路逃亡，不知何时才能被圣上召回。

这些天李白也没有闲着，昼夜打听当前的战事，当听闻洛阳失守之时，沉痛的表情挂在李白的脸上一览无遗。

到后来安禄山称帝，给了大唐一个喘息的机会。后传出玄宗将要御驾亲征，李白的脸上当即露出了笑容。他以为，只要皇上亲征，必当领正义之师，势如破竹。叛军见到圣上，必然望风而降。收复中原，必然指日可待。

李白在此刻还作诗自比张良，表达出自己志在报国的心态："抚长剑，一扬眉，清水白石何离离。脱吾帽，向君笑。饮君酒，为君吟。张良未逐赤松去，桥边黄石知我心。"

然而，事实并非如此。外戚杨国忠百般阻挠亲征之事。又紧接着传来高仙芝兵败被斩，战事的指挥权尽皆落入杨国忠之手。李白在溧阳酒楼偶遇张旭，谈到当今战事，无不感叹圣上昏庸，奸臣当道、生灵涂炭，不知何时才能安宁。

到后来，又传来玄宗听信杨国忠之言，发诏命哥舒翰出战，结果中伏兵败，哥舒翰本人也投向安禄山。潼关既失，长安已无险要可守，玄宗仓皇出逃，长安遂落入安禄山之手。

消息一经传来，李白失声痛哭，一瞬间仿佛又老了几岁。带着斑白的头发，李白再一次躲入了庐山这个曾经让他流连忘返、写出惊世绝笔的地方。而如今的他早已没有了当年的心境，一心都在祖国的战事之上。长安已失，天下还有何处是我的都城？李白看着天空，看着夕阳，不禁感叹道：“归心落何处，日没大江西。”

此时的李白，多想杀回长安，在乱军之中，取安禄山的首级，早日击溃叛军，令百姓回到曾经幸福安康的生活。

李白身居深山，却每天心系社稷，看着百里的焦土，看着叛军的旌旗，看着他们饮酒作乐、大开筵席，李白心急如焚。他把希望寄托于朝廷，他想象此刻朝廷应该是在彻夜讨论如何退敌之事。

可他看到的却是另一副光景，贵妃与玄宗把酒言欢，嬉笑不已。杨国忠等人只顾数着手中的银两，想着如何保全自己。一干武将虽有心杀贼，奈何手无兵权，只有将石桌击得粉碎，聊以抒发心中愤懑之意。

玄宗自从长安仓皇逃出，保全了性命，便每日与贵妃一起饮酒，把国家大事尽皆托付给杨国忠。杨国忠因此前决策有误已犯众怒，此时倒也收敛一些，只想到如何保全自己地位就好。就在这时，上天再一次给李白开起了玩笑。

第二节

报国壮志终难酬

天宝十五载（公元756年）七月，玄宗采纳了宰相房琯的建议，下颁了“制置”之诏：以太子亨担任天下兵马元帅，领朔方、河东、河北诸道兵马，即刻收复长安、洛阳；又以永王璘担任山南东道、岭南、黔中、江南西道节度都使，经略长江流域。可谁知道诏书尚未到达，李亨已即位于灵武，是为肃宗，改元至德，并尊玄宗为太上皇。永王此时也广纳义士，其中便有李白的好友韦子春。

李白正在山中愁苦国家大事，正逢韦子春来此造访，李白心知好友此番前来，必然不是叙旧联谊。果不其然，韦子春开门见山，将玄宗颁布“制置”诏一事及永王此时奉诏出兵，将要计划平叛的相关事宜一并告知李白。

李白一听，高兴得手舞足蹈，连连说：“如此甚好，永王配合圣上，两路兵马夹击叛军，令叛军首尾不能相接，收复长安，还于故都，岂不是指日可待。”李白越说越兴奋，把这些日子的憋屈与感慨吐露得一干二净。聊到兴起，还端着碗，说：“你看我相比廉颇，是不是还要吃得多一些?”惹得韦子春大笑，接着向李白表明了永王想要招募李白的意图，自己此番前来，实为说客。

李白的心情更加激动，本以为报效无门，谁知道竟然给了他如此美好的机会，当即便想下山。但又看到自己衣衫褴褛，未免不妥，便向韦子春表示尚需考虑几日。韦子春也表示理解，作别李白，下山而去。

此后韦子春又多次前来邀李白入幕，李白盛情难却，整理衣冠，便与韦子春一同前往永王麾下。李白为了答谢韦子春多次上山相邀之意，特意作了一首《赠韦秘书子春》送与韦子春，与之共勉。

一路上，李白但觉得阳光明媚，曾经的阴霾仿佛都一扫而光。李白马不停蹄，与韦子春火速赶往浔阳与永王大军会合。在马上的李白感受到自己仿佛在驰骋疆场、上阵杀敌，不由得想起当年李广所说，大丈夫在世，当抛头颅，洒热血，建功立业，马革裹尸还！心中豪情顿生，更是加快自己的步伐。

待到了浔阳江头，永王的舰队映入眼帘，大江之上，舳舻千里，风帆林立，一望无际。旌旗招展，江风猎猎，其间气势，犹如猛龙过江，势不可挡。船队排列整齐，间杂有序，气势磅礴，宏伟壮阔。此番军容，又和当初李白所梦有所区别。

大江之上，本是渺小的船只如今四平八稳地排列其上，仿佛征服了大江一般。李白修道多年，对于这种与自然合而为一的事情自是憧憬不已。他不由得相信，这支王者之师，必当能一挫叛军的锐气，收复河山，还我中原！

永王给李白的接风宴办得空前盛大，席间歌舞曲律，吟诗作对；谈报国，谈理想，搞得李白是头晕目眩，豪气丛生。他从来没有受到过如此的待遇，便是当时圣上亲召，也不过是赏金赐酒，从来没有想过予以重用，李白此刻已经被冲昏了头，满心以为永王待他如谢安，他能在千里之外，谈笑退敌，从此功成名就，流芳百世。李白早已被幻想中胜利的喜悦带领着，一路高歌猛进，杀得敌军片甲不留。永王的军队在他的梦境中更是势如破竹，直捣黄龙。

这些天的李白是幸福的，自己大志在此得以实现，自己的未来仿佛如此清晰可见。他的心中早已填满了对永王的称赞，在大船之上，李白接连作出《永王东巡歌》十首，永王也对他称赞不已。

在李白的眼中，永王是肃宗的兄弟，他们二人应该情同手足，并肩作战，共伐敌军。安禄山会在他们的夹击下全军覆没，安禄山本人会在永王的押解下送往长安，在天子脚下被处以极刑。

李白自己，则将作为永王手下的第一号功臣。朝廷会对他加官晋爵、封功受禄，赐金万两，以表对他的忠心耿耿和丰功伟绩的认同与赞赏。甚至，朝廷会为他立下一座碑，以表彰他对大唐王朝的贡献。而他自己则会谢绝所有的封赏，去做一只闲云野鹤，一心求道。他相信，经过这么多的考验，他一定会得道成仙，成为天下士族的楷模。

正当李白在永王手下做着他的功名美梦之时，肃宗突然下诏令永王返回到太上皇的身边。李白得闻此事心感诧异，如今正是北上讨贼的大好时机，怎么能够将大军召回？正想要劝阻永王不要返回，永王已经向来使表示拒绝返回到太上皇身边。

李白的美梦终于要醒了，永王头一天拒绝使臣，第二天便被肃宗的军队包围起来，第三天就接到肃宗下诏讨伐永王。李白更加不解，喃喃道："不对，这一定是误会，一定是使臣作怪，那使臣一定是安禄山的奸细，想要离间这兄弟二人。"韦子春在旁叹道："哪里有什么奸细，这不过是肃宗自导自演的戏罢了。"

李白此刻才幡然醒悟，方一出山，不过些许日子，竟从座上宾摇身变为反叛逆贼。李白一时震惊，无法反应过来。

原来，永王的士兵是奉当时玄宗的命令讨伐逆贼。如今皇帝易主，自然要听当今皇上的话。肃宗发诏讨伐永王时下达命令，士卒不随永王反逆之人，一概不予追究。是时王师一到，永王的军队纷纷丢盔弃甲，大片请降。永王在慌乱逃窜中，最终为人所杀。李白走脱不得，被冠以“附逆作乱”的罪名，投入到了浔阳监狱。

第三节

浔阳狱中见真情

曾经飘然若仙的李白如今在监狱中已经形容枯槁。起初他咆哮着，申诉着，问苍天，问大地，为什么，为什么，我心系天下，又有何罪？心怀壮志，竟得罪名，附逆作乱，附逆作乱，何为逆？何为乱？忠贞不二为逆？平定天下为乱？心系百姓为逆？入幕为宾为乱？我有何罪，以至于此！

可笑我隐居山林，却又心怀百姓；可笑我归隐出世，妄想报效朝廷；可笑我即便是这样，竟然还相信圣上英明，必当明察秋毫。苍天啊！恳请你赐予圣上火眼金睛，让他能明辨是非，还我一世英名。我李白，从来就不是反贼，从来就没有异心，竟要锒铛入狱。为什么？究竟是为什么？

他的这些话，都让一个狱卒听了去，狱卒听后心中哽咽，无言以对，只得将李白的申诉书抄下，四处奔走，妄图能将他救出。半年以后，江南宣慰使崔涣、御史中丞宋若思终于为李白推覆清雪。

原来当初肃宗得知永王被杀曾大发雷霆。他们认为既然永王不属于反叛，那么李白自然也不属于反叛了。宋若思二人不仅释放了李白，还将他留在幕中以待他日举荐给朝廷。可惜让大家都没有想到的是，肃宗给出的答案却是：长流夜郎！这对李白无异于当头一棒，不及为自己鸣冤半句便再次锒铛入狱。

在狱中的一天又一天里，李白颗粒不进，面色越发的蜡黄，整个人看去如同鹤发鸡皮，让人不忍直视。那位之前同情李白的狱卒悄悄地给李白拿吃的，可是长久没有胃口的李白连喝水都会呕吐。日复一日，李白目中无神，状若游离于死生之间。

狱卒心急如焚，李白这样下去，必然命不久矣。郎中也说李白是心病难医，摇摇头，方子也没留下一个便去了。那狱卒思及此处，灵机一动，想到了一个办法。第二天，他便带上纸笔，去狱中请李白教自己写诗。听到这个请求，这些天如行尸走肉般的李白心里不禁起了波澜，没想到在这个时候竟然会有人愿意与我学诗。

这个牢笼虽然束缚了李白的身体，但他的思想和灵魂却依然可以徜徉在洞庭之底、九嶷之巅。在这个过程当中，李白逐渐看淡了周遭的一切，知道自己流放的罪名不可避免，又想到尚有家室要自己照顾，于是强打起精神，终于开始恢复进食。

在牢中的李白，听到了安禄山的覆灭。李白想等到肃宗将一切都安定之时，一定会想起牢中的自己。既然流罪不可免，倒不如趁这些时光，与狱卒专心讲学。他们谈到了诗经中的《猗嗟》和《君子偕老》，二者都运用到所谓的反调正唱。以有说无，让狱卒心领神会，好生佩服。

一念及此，狱卒突然想到李白前些天上呈朝廷的《上皇西巡南京歌十首》，不正是用的这反调正唱的方法吗？若是被人看出端倪，岂不让李白本就困窘的境况更会雪上加霜。李白却微微一笑，只道无妨，这笑中带骂的意思，不管被人看破与否，却是没人愿意对号入座的。狱卒一听心中的大石方才落地，反而开怀大笑，对李白道："我看先生你才是治病救人的良医呢！"

果然，自李白的《上皇西巡南京歌十首》上呈后不久，李白内心的苦痛仿佛终于得到了些许的释放，连日来身体竟是慢慢地好了起来。朝廷方面看了他的上书，也对李白有了些许宽待，在合适的时间可以允许他接待外客了。

一天，李白如寻常一样正在狱中为那位狱卒讲解诗文，突然有一位秀才前来拜访。那秀才来时风尘仆仆，也来不及说清楚自己姓甚名谁，只朝着李白深深地俯首一拜，便匆匆地向李白说道："小弟仰慕先生已久，今夜到此却是另有原因。"

原来这位秀才本来想要去投军，路遇高适帐下正在招抚季广琛，此人本为永王帐下大将军，如今非但无罪，反而加官晋爵。若此事果真如此，那么李白不过是区区一个幕客，要解救而出，岂不是易如反掌。偏巧负责此事的是李白、杜甫二人曾经的共同好友高适。

想当年梁园之情，三人携手并肩，共表明志，一同匡扶大唐江山，一心报国，终身相依，无论身在何时何地，三人的心，绝不背弃。想到此时高适成为肃宗手下第一宠臣，李白为他高兴之余，顿然觉得自己出狱有望。只是时至今日，不知高适是否还和以前一样，二人能否像以前那样推心置腹，他又会不会救援自己。

李白思来想去，决定赋诗一首，以表自己渴望得到帮助的心意。但作为朋友，又想高适那样高傲的人，李白既要他帮助，又不能低声下气。李白反复踱步，最终将诗交给秀才：

秦帝沦玉镜，留侯降氛氲。
感激黄石老，经过沧海君。
壮士挥金槌，报仇六国闻。
智勇冠终古，萧陈难与群。
两龙争斗时，天地动风云。
酒酣舞长剑，仓卒解汉纷。
宇宙初倒悬，鸿沟势将分。
英谋信奇绝，夫子扬清芬。
胡月入紫微，三光乱天文。
高公镇淮海，谈笑却妖氛。
采尔幕中画，戡难光殊勋。
我无燕霜感，玉石俱烧焚。
但洒一行泪，临歧竟何云。

——《送张秀才谒高中丞》

整首诗的末尾，恰到好处地表达了李白急切需要帮助的心，只是不知道高适见了此诗，到底会如何呢。可是，不久之后张秀才传来的诗彻底击碎了李白的心。信中只有一首小诗：

恨君不是季广琛，无权无势更无兵。一介布衣等尘土，管仲难救鲍叔卿。

整首诗不仅表明了高适对李白处境的无动于衷，更是对李白目前状况生生的鄙视与嘲讽。李白的心冷了，曾经的朋友化作如今的陌路，他想不到的是在这样的时候，高适竟如此地落井下石。朋友做到此处，也算是绝了。

第四节

山重水复疑无路

在狱中过了将近一年，李白显得越发的苍老。在做了所有的努力过后，流放的命运终究逃脱不了。监狱的门打开了，知道自己命运的李白却依然深吸了一口气，积聚太久的霉菌味早已坏了他的肺，一吸一呼显得如此的奢侈与费力。可是当他走到浔阳江头时，却看到了他意想不到的一幕。

大江两岸，布满了来给他送行的人。起初李白还以为有贵人来此，后来定睛一看，才发现大部分都是自己曾经认识的人，那一双双关切的眼睛瞬间打动李白，让他干瘪的眼眶润湿了泪水，让他冰冷的心重回了春天。他没有被遗忘，没有被抛弃，世间还是有这么多的朋友记得他。他流泪了，高适带给他的伤害，在这一刻，已然大为减弱。

若在许多年前，遇到此情此景，李白一定会高歌一曲，喜笑颜开，载歌载舞。可是现在的他，手不能举，脚不能抬，他的双手双脚都被上了镣铐。

一路上，一双双手伸了过来，有的有酒，有的有肉，有的有衣服，有的有诗卷。这些不同的人，都有一个共同的祝福：前路遥遥，凶险未卜，只愿你一切安康，早日归来。

李白接受着大家的祝福，终于踏上了启程的路。看向船头的狱卒，竟然是在牢房里一直和他学诗的那一位，李白感动不已，感叹道："高适与我梁园一别，如今已成陌路。而你我萍水相逢，竟然待我如此，我李白该如何答谢你啊。"狱卒却只是微微一笑："这只是我一直以来的愿望而已，还请恩师不要见外。"李白闻言，也就不再多说。

本来该一年之内就该到夜郎的路程，狱卒以李白身体有病为由，在容许的范围内，宽限了他的行程。江夏韦良宰、汉阳张谓、江陵郑判官，这些李白曾经的好友，早已在李白的行路上等着他。每当他到了一个地方，必然会有人请他多留些日子。狱卒在一路上也是与李白讨论诗文，饭菜管饱。

是时，李白虽然是个流放之人，除了路走得多了一点，走得艰难一点，和一般的旅行倒也没有什么差别。反倒是每到一个地方都有友人的款待，让李白的衣食住行得到了极大地改善。

这样磨磨蹭蹭，直到入冬，李白才勉强到了三峡。三峡的水流很是缓慢，两岸的山峦耸翠，虽不如天台山那么高，却也十分的令人惬意。碧水上可以闻到空气的芳香，沁人心脾，让李白整个人都为之一振。原本在船中坐着的李白不由得来到船头观赏两岸的风景。下游的水实在是太慢，以至于不知过了多久，那几头山上的黄牛始终还是在那里。

宁静的江面，宁静的山峰，宁静的树林，宁静的天空，时空仿佛都静止在了这里。李白看了看江面的倒影，两鬓斑白的他此时感慨，时间总是不知不觉地流淌，让人在意识到它之前，就已消失得无影无踪，带走你的青春，带走你的梦想。李白不由得口占一诗：

巫山夹青天，巴水流若兹。巴水忽可尽，青天无到时。

三朝上黄牛，三暮行太迟。三朝又三暮，不觉鬓成丝。

——《上三峡》

终于在三峡中走过了两个月的时光，李白来到了夜郎的前一站——白帝城。想到当年的自己，出三峡，跨长江，访金陵，入长安。一路上是意气风发，才华横溢，有吞天吐地之志，翻云覆雨之能。

当时的他，身处盛唐，百姓安康，百业兴隆；那时的他，可以说出千金散尽还复来的豪言壮语；那时的他，手持长剑打抱不平，等闲之人莫可近身；那时的他，涉世未深，对狐朋狗友，真情以待；那时的他，单纯如白纸，曾以为天子脚下，光明磊落；那时的他，心中充满了希望，充满了热情，充满了信任，充满了温暖。

现在的他，看遍了阴暗，看不到光明；看遍了冷落，看不到温馨；看遍了背叛，看不到忠贞。他成长了，成熟了，明了了世事，知晓了人间。可是心冷了，心痛了，心酸了，心碎了，心死了！已经不再相信这个世界会有光明的一天。他感到自己有多么无辜，一心为国，一心为民，到头来，却被戴上附逆作乱的帽子，英名尽毁，锒铛入狱，流放千里。

如今自己在流放的途中，妻儿却在千里之外，自己还有何面目去面对他们。他们跟自己这么久，如今享受不到哪怕一点来自丈夫和父亲的温暖，我真是对不起他们啊！

走进白帝城的这一刻起，李白的心再一次陷入了沉重。多么想像当年的诸葛亮一样，拥有一个能给他知遇之恩的明主。

他仿佛看到当年刘备躺在病床之上，头发花白，但神态却是那么的安详。他握住诸葛亮的手，看着跪在地上的太子刘禅以及他的弟弟刘永等人，平静地对诸葛亮说：“此子若贤，望卿多加辅佐，若此子不贤，君当自取之。”诸葛亮哭道：“臣必当鞠躬尽瘁死而后已，以报陛下三顾之恩！”言毕，刘备崩。孔明伏在床前久久不肯起身。

想到诸葛亮的一生，李白觉得自己也可以做到像他一样。可惜啊，可惜他却没有这个机会，没有人能给他这个机会啊！李白的心再次跌落到谷底。可是谁又知道，上天对他的考验又一次到来。

第八章 飘然思不群

时光能抹去很多痕迹，诗人也早已驾鹤西去，但他在人们心中留下的烙印却一代代绵延下去，越印越深。

一代诗豪李白，就这样离开了人世。当涂边上的那条小河，用自己的川流不息记载了这位伟大诗人一辈子的辉煌与落寞、梦想与执着；它叮叮咚咚、日夜不休地低语，把有关那位白袍老者的一切诉与后人知晓。

第一节

千里江陵一日还

当李白望着天上比翼双飞的大雁，不由得心中感叹，自己如能像这大雁一样与自己最爱的人一起无忧无虑地飞翔，该是多么美好的一件事。

上天注定要给李白大悲大喜。他整个人生就是八个字——塞翁失马，焉知非福；如果要换成四个字，那就是跌宕起伏。李白刚到白帝城不久，长安便传来了消息，因为大旱，圣上已诏令大赦天下，流刑及以下的囚犯都将被释放，李白自然也在之列。

听闻这个消息的李白欣喜若狂，我能够回去了！苍天果然待我不薄，圣上英明，我又有希望了，哈哈哈哈！李白再一次认为自己的机会来了，自己又能够出仕了。李白的心简直飞一般地回到了长安。

是啊，如今他的敌人都已经被处置了，自己回去一定能够得到皇上的赏识，一定能够再一次受到重用。李白实在是太高兴了，高兴到还没有上船，心早就如利箭一般飞了回去。于是在一天早上，他写下了这样的诗句：

朝辞白帝彩云间，千里江陵一日还。

两岸猿声啼不住，轻舟已过万重山。

——《早发白帝城》

在李白的眼中，一切都是吉祥的预兆，天是如此的美，水也是如此的清。李白看着江水，如今的他已经不会再想起三暮又三朝了。李白的心中只剩下白昼，因为在白昼中才能看到漫天的光明，才能够看到长安，才能够看到圣上。

在这一片光明当中，李白仿佛看到圣上已经坐到了大殿之上，远远地看着他，向他招手，对他说：“爱卿，我等你好久啊，你过得怎么样啊，你终于回来啦，朕现在要重用你，来当我的辅国大臣，你愿不愿意啊？”李白眼中闪着激动的泪光：我愿意！我愿意！

李白望着天边，久久地看着那连绵的云霞，心中的快慰之感全都写在脸上。同行的狱卒看着他兴奋的样子，也不由得替他高兴起来。狱卒沿途找了个农家，打了壶米酒，又弄了点黄鸡，和李白一起对饮起来。

李白呷了口酒，兴奋地说："唉，好久没有喝到酒啦，这次一路上多亏了你的照顾，我才不至于死在流放途中，才得以有机会重新出仕啊。"狱卒看着李白高兴的样子，心里却有点隐隐的担忧，问道："先生这是仍要出仕吗？"李白说："那是自然，不出仕，怎么能为天下百姓做事。"狱卒见李白如此斩钉截铁，也就不再多说。

一阵凉风吹过，李白看着天上的圆月，想起当年曾写过的《静夜思》，心中又是一阵悲伤。不知道妻子现在何处，又是否安好。已经在外这么久了，他们会不会认为我已经去世了，还会一直默默地等着我的归来吗？

李白又想起了第一位结发妻子曾经给自己表示过宁可共患

难、不觅封侯的愿望。她希望一家人能够平平安安，一起过修道的生活。李白何尝不愿意过这样潇洒的日子，想到这些，李白又对他们母子产生了深深地愧疚。

是啊，李白曾经是多么想与妻儿在一起共享天伦，共度安乐。可是又为什么要一次又一次地走出深山，去寻找那一份仕途，闯荡人生呢？是期望功名利禄，还是只为了百姓，为了天下，为了自己所热爱的大唐王朝？

这一夜，李白不断地思考着如何能够真正地平衡自己求仕和修道之心，他想两边都做到，却发现自己办不到。

远方已经泛起了鱼肚白，夜也过了他最冷的时候，空气逐渐暖和起来，远方的朝阳再一次出现在天空，李白的心再一次被温暖的阳光填满，这就是带给他无比温暖的天。他突然间又想起了被尊为“上国”的大唐，那不就是他的天吗？李白的心再一次被仕途所占据，这一次，占得满满的，再也没有变冷。

李白的心情已经越来越轻快了。他一直站在船头，他想要尽快看到江夏的到来，看到光明的未来展现在他的眼前。

这一次，他是真的觉得船太慢了。阳光依旧是那么明媚，晒在李白的身上，暖在他的心中。李白看着流动的风景，看着天，看着云，心中燃起的希望，久久不能磨灭。

这一次，李白昂起了头，在他的眼中，前方已经没有了阻碍；在他的眼中，命运的光环在召唤他的归来；在他的眼中，希望终于来临；在他的眼中，圣上一定会重用他，他会再一次入宫面圣，再一次感受皇帝希冀的眼光。

这一次，他必将帮助圣上匡扶社稷，让整个朝堂焕然一新，必将让自己的梦想变为现实。

第二节

中兴之梦终成梦

跟随着带着极大鼓舞与希望的李白一同回到江夏的，是接踵而来的铺天盖地的好消息。朝廷在洛阳、长安尽皆收复的时候，以为天下大定，便开始封功臣、祭天地。在群臣的奏章中，出现了一副天下中兴的景象。

中书舍人贾至的《早朝大明宫呈两省僚友》以及王维、岑参、杜甫等人的和诗，特别是其中脍炙人口的佳句："九天阊阖开宫殿，万国衣冠拜冕旒。""共沐恩波凤池里，朝朝染翰侍君王。"更把中兴幻影装点得煞有介事，把太平假象渲染得富丽堂皇。

江夏这个地方，自古以来都是文化、政治中心，自然为呼应都城、顺意民意，这些天是张灯结彩，其乐融融。大家都十分高兴，这些人当中，最高兴的还是李白。

李白简直是欣喜若狂，当时便写了一首诗：

去岁左迁夜郎道，琉璃砚水长枯槁。今年敕放巫山阳，蛟龙笔翰生辉光。圣主还听子虚赋，相如却欲论文章。愿扫鹦鹉洲，与君醉百场。啸起白云飞七泽，歌吟渌水动三湘。莫惜连船沽美酒，千金一掷买春芳。

——《自汉阳病酒归寄王明府》

这首诗简直把李白兴奋的心情表达得一干二净。李白的兴奋在之后江夏长史的筵席上体现得更加突出。在筵席上，李白忘乎所以，当即把自己比作鲲鹏，希望有朝一日能够一跃成为大唐的顶梁柱、圣上不可缺少的济世大臣。

本来只是大家一起热闹热闹的宴会，李白竟然向各个官员请求推荐自己。大家看到李白醉了，也就跟着打哈哈。李白见大家盛情允诺，便更加热情，为每个人都写了一首诗请求他们的推荐。当天筵席李白简直是陷入疯狂的状态，诗词不绝，且一发不可收拾，不仅对在座的各位都赞不绝口，还在送给每个人的诗的最后都加入了让他们提携自己的想法。当天的最后，李白还写了一首《天马歌》：

天马来出月支窟，背为虎文龙翼骨。
嘶青云，振绿发，兰筋权奇走灭没。
腾昆仑，历西极，四足无一蹶。
鸡鸣刷燕晡秣越，神行电迈蹑慌惚。
天马呼，飞龙趋，目明长庚臆双凫。
尾如流星首渴乌，口喷红光汗沟朱。
曾陪时龙蹑天衢，羁金络月照皇都。
逸气棱棱凌九区，白璧如山谁敢沽。
回头笑紫燕，但觉尔辈愚。
天马奔，恋君轩，駷跃惊矫浮云翻。
万里足踯躅，遥瞻阊阖门。
不逢寒风子，谁采逸景孙。
白云在青天，丘陵远崔嵬。

盐车上峻坂，倒行逆施畏日晚。

伯乐翦拂中道遗，少尽其力老弃之。

愿逢田子方，恻然为我悲。

虽有玉山禾，不能疗苦饥。

严霜五月凋桂枝，伏枥衔冤摧两眉。

请君赎献穆天子，犹堪弄影舞瑶池。

李白在这首诗中竟然将自己比作天马，就希望在座的伯乐能够把自己献给天子，可是最后找来找去，竟然没有人可以献，也是让李白大为失望。

让李白失望的还不止于此，来到江夏这么久了，春夏也交替了，可是李白始终没有等到任何一个人去推荐他，只有韦太守在临走的时候送他一根嵌着一块碧玉的手杖。李白一看到这根手杖，便明白了韦太守的意思。

原来自己终究是个流囚，即便是天下大赦，自己的这个地位，始终不曾有过改变。在众人的眼中，自己不过是作为故人才被邀请来参加宴会，如果要论官场上的地位，自己连个璞玉也不如。

可笑的是只有自己才把自己当个人物，以为流放归来便可以立刻得到重用，便会有人推荐自己。

但是李白却不甘心，认为自己如此努力，竟然还是得不到赏识，一气之下，独自跑到鹦鹉洲去吊唁祢衡，虽然写了一首《望鹦鹉洲怀祢衡》，却知道自己与祢衡之间是相去甚远。这祢衡当年因骂曹操被转送给刘表；后刘表也被他骂了一通，继而被转送给黄祖；黄祖也被他骂了一通，一气之下就把他杀了。

李白自然不是这样的人，到现在也从没有写过一首辱骂朝廷、责备天子的诗，至少没有明着写。祢衡恃才傲物，李白自己，最多只算是恃才而已。可是话虽如此，李白心中的苦闷是一点也没少。

恰好这个时候韦冰县令到了此地，邀上几位故人与李白一同畅饮，李白烦闷的心情才稍微得以缓解。李白在船上喝醉了酒，还差点将船掀翻，若不是大伙一同阻止他，恐怕早已去"陪河神喝酒"去了。

李白就这样度过了整个夏天。在这年秋天，他来到了同样不得志的贾至那里。这位贾至便是当年因为起草制置之诏而被贬谪之人，说来也是和李白同病相怜。李白的族叔李晔也在这里，三人都因为仕途不顺而走到了一起，便一同喝起酒来。

酒过三巡，三人便聊起了自己的人生。李晔为宦官所害，现在毕竟老了，当年的功名利禄，如今也看得淡了，现在住在这里，也算是颐养天年。贾至还年轻，又没有经历过什么挫折，连说两句，便已经哽咽不已、泪水涟涟。李白想要安慰他，得到的却是他的唉声叹气。

李白见状，也想到了自己的往事，突然灵感备至，便口占一诗："贾生西望忆京华，湘浦南迁莫怨嗟。圣主恩深汉文帝，怜君不遣到长沙。"李晔听闻此诗，却是眼前一亮，对李白说："贤侄这首诗，倒是煞费苦心啊。"转头又对贾生说道："确实如此啊，你和贾谊比起来，还要好不少呢！"贾至闻言细想，也觉得大丈夫在世，怎能如此蹉跎，便收起了唉声叹气的样子。

第二天，三人齐聚岳阳楼上，又听闻了最近朝廷发生的大事。原来如今圣上又宠信奸臣，导致九位曾立下大功的节度使兵败河南。史思明作为安禄山的余党，又开始自立为帝，一时间河南诸郡再次落入叛军之手。

一想到又要战事连连，李白不由得心酸不已。三人当年都经历了安史之乱，而经历最深刻的，莫过于李白。如今又要战火通天，河南的百姓又要陷入水深火热之中。三人聊到此时，觉得“中兴”之事，已经不可期待了，现在只有期待战事早点结束，百姓能够过上幸福生活。

但对于李白来说，本来回到江夏，还指望能够回到朝廷，虽然当时无人推介，李白却仍然保留了出仕的心，如今“中兴”之梦一破，自己还有什么资格再回到朝廷之上呢。一念及此，李白决定先回豫章，去看看自己的妻子是否安好，然后再去金陵，毕竟自己少时曾在那里盘桓多时，或许还可一试。

第三节

请缨入军幕

离开豫章，取道鄱阳，李白再一次来到这座曾经给予他最初梦想和希望的城市——金陵。石头城仍旧是石头城，只是当年自己在金陵的繁华一梦如今却无迹可寻。年少时的故交也多半在安史之乱中失去了音讯。剩下的几个旧友也都自顾不暇，早没了当年一起击铗狂歌，泛舟五湖的模样。

李白依旧四处奔走，干谒权贵。正逢乱世，李白的诗赋无人问津，日子愈发艰难起来。

李白饱一顿饥一顿，勉强挨到这年的五月初。恰逢浙西节度副使李藏用平定叛乱有功，如今班师路过金陵。金陵当地的名门大户们聚集在一起盛筵为之饯行，感谢他保卫金陵一方平安。现下一切都准备就绪，只是这位李大人别的不爱，唯独喜爱诗赋，这筵席上一篇歌功颂德的饯别序可是少不了。

这些名流们平常不见李白，担心他到底是朝廷要犯。但李白的文才却是无人不知、无人不晓。如今遍观这金陵城，承担这篇序的人选却是非李白莫属了。

李白在金陵盘桓数月，终于第一次收到了主人家的主动邀约。筵席上李白喝足了酒，果然不负众望，一篇洋洋洒洒的《饯李副使藏用移军广陵序》援笔立成，整篇文章气势之磅礴，词句之雄壮，无人能出其右。

当众人读到“箫鼓沸而三山动，旌旗扬而九天转”时，人群中爆发出了喝彩声。步入老年的李白，原本飘逸的文气间不知不觉中掺杂了一股瘦劲的力道，一字一句比以前更耐人寻味。有了这篇序的推波助澜，李藏用的盛名可谓是威震千里，甚至上报到朝廷，得了一大笔封赏。而为这篇序里的字字句句呕心沥血的李白，却不过从主人家那里得了一小笔盘费，就被随意打发了。

有了这次的经历，李白越发意志消沉。他自幼饱览群书，就是因为坚信这些祖先传下来的圣贤书里藏着匡世济民的良方。而如今，自己倾尽毕生所学，不过成为他人的玩物。若是如此，读书还有何用，自己一生所追求的、所坚信的都成了空。与其自寻烦恼，不若长醉于梦中。

但喝醉了的李白却痛苦地发现，原来醒有醒时的悲哀，醉有醉中的无奈，正所谓“抽刀断水水更流，举杯消愁愁更愁”，到底一切都是自己的妄想罢了。

又是一年的暮春时节，离金陵千里之外的长安发生了惊天动地的变化。玄宗、肃宗都在这一年里撒手西去。后党和阉党俨然分为两派在朝堂上公然角逐，最后，后党败而阉党胜，阉党扶持己方力量代表的太子李豫登了基，号称代宗。

代宗即位的同年秋天，叛军的势力就卷土重来，战线前沿附近的睢阳等地已然陷入重重的战火之中。

连日来意志消沉的李白听到这一消息，竟是突然间精神抖擞起来。李白素来有两件事最为喜爱也最为擅长，一是为文，另一样当是剑术。但不管从文也好，剑术也罢，他的目的始终只有一个，那就是齐家、治国、平天下。

李白的剑术高超过人，相传在唐朝的剑客中排名第二，仅次于金吾将军裴旻。这时李白起了从军的念头。既然身逢乱世，再精妙的词句也不过抵一粥半饭，那么不如试试从武，也许真刀真枪才能经得起这个时代的考验。

李白想要投奔的军队属于兵马元帅李光弼的麾下。这李光弼治军严谨，又以与士兵同甘共苦扬名在外，因而他麾下的军队勇冠三军，是出了名的精锐之师。

李白想，自己若是投在他的门下，必然能物尽其用，一展自己的赤子雄心。然而，壮志雄心在怀的李白却忘了，自己早已经不是那个初到金陵的青年了，如今的他因为常年的思虑而霜华尽染，脊梁也被岁月压得不再挺直。

步入暮年的李白终究是再也经受不了连日的劳累，他一人一骑，还没走到李光弼军中便大病一场。李白自己感觉到，这次的病势来得非同寻常。

无奈之下，李白只好就近投靠当涂任县令的李阳冰。说来李阳冰和李白并无故交，两人的结交不过是彼此的文名都颇有耳闻，李白爱李阳冰一手遒劲的篆书，李阳冰欣赏李白“千金散尽还复来”的潇洒。在这人人自危的世道里，李白和李阳冰却如多年的老友般惺惺相惜。

李白前来投靠，李阳冰便倾其所有尽力相助。然而眼下已经逼近年底，李阳冰的任期已满，按当朝律法必须在年底之前赶赴长安，等候朝廷的另行派遣。

李阳冰不忍抛下重病的朋友而不顾，只好嘱咐当涂与自己颇有故交的幕僚代自己精心照料李白；另外还为李白留下了一笔盘费；生恐不足，又把自己生平最为得意的几幅篆书赠予李白，希望在他困窘的时候能勉强派得上用场。

眼下唯一的好友也要离开了，李白和李阳冰二人都是老泪纵横。李白紧紧握住李阳冰的手，胸中千言万语的感慨到了嘴边都只化为了一声长叹。他把自己毕生看得比生命还重的诗稿都拿了出来，郑重地托付给好友。做完这些，李白似乎耗尽了全身的力气，他颓然地看了看窗外低沉的天空，眼中饱含着不舍，隐隐有了诀别之意。

李阳冰见好友这般，仿佛锥心般的痛却不能言，思来想去，为李白写成了《草堂集序》，历数好友之生平，方才洒泪而去。

第四节

诗人之死——绝笔《临终歌》

虽然有李阳冰的相助，李白的病势却如同大厦将倾，力不可挽，一位又一位的名医请过来，一碗又一碗的汤药灌下去，都如同石沉大海般毫无起色。李白躺在病榻上看着这战火纷飞的乱世，只恨自己没有匡时救世的奇才，撑起这摇摇欲坠的大唐王朝。

他每日里思来想去，郁结成疾，眼看着就离大限不远。身边照顾的人虽然着急，却也束手无策，只好私下里偷偷地为他准备起后事来。

然而，或许是李白此时命不该绝，就在他离死亡只有一步之遥的时候，安史之乱完全平定的消息跨越了千山万水传到了李白的耳边。俗话说“七分精神三分病”，李白自幼习武，本来体魄就不弱，听到这个消息，心结顿解。他高兴地从床上一跃而起，想到乱世终究是过去了，接下来便正该是百废待兴、与民休养生息的时候了吧，自己这把老骨头或许还有些用处。思及此处，李白的病竟像是好了七分，连日来因为水米不进而灰白的面庞，似乎也泛出了些许红润的色彩。

自此之后，仿佛老树上长出了新芽，李白的病势真的一天比一天好转起来。

初春时节，山顶上还残留着些积雪，山脚下湖畔边却已然有了一抹抹嫩绿的颜色。李白大病初愈，眼见着春的气息已经悄然跃上枝头，自己坐不住了，寻来了竹杖芒鞋，独自一人上了当涂的青山去赴田家之约。

这户居住在山麓的庄户人家招待李白的不过是些农家饭菜，又专门为他备下了新酿的春酒。春酒甘甜醇香，李白与主人闲话家常，盘桓到日暮时分方才拄杖下山。尚且走到半山腰，李白便远远地瞧见儿子伯禽一路小跑着前来迎他。只见他身后映衬着暖黄色的夕阳，疏朗的眉宇果然和自己年轻时有几分神似。李白不禁有感而发，吟成小诗一首：

沦老卧江海，再欢天地清。病闲久寂寞，岁物徒芬荣。借君西池游，聊以散我情。扫雪松下去，扪萝石道行。谢公池塘上，春草飒已生。花枝拂人来，山鸟向我鸣。田家有美酒，落日与之倾。醉罢弄归月，遥欣稚子迎。

——《游谢氏山亭》

春光易逝，在李白颠沛流离的人生中，这样惬意的闲暇时光实在是少之又少。李阳冰虽然勉力相助，奈何心有余而力不足，他留下的那些一字值千金的篆书，在这人心惶惶、自顾不暇的世道竟是无人问津。很快，李白的生活就过得捉襟见肘起来。为了生计，到了这一年的暮春时节，李白决定去往宣城一试。

李白此去宣城，却是有自己的打算，他少时在宣城的故交虽然多半离去，但这刚刚走马上任的宣州刺史却恰好是曾为永王心腹的季广琛。这季广琛如今正是朝中的红人，不仅担任宣州刺史，还担着浙西节度使一职，凭着故时在永王幕下的交情，或许能助自己一臂之力。

李白把季广琛当故交，季广琛却把李白当一块心病，他生恐有人看到李白前来投奔自己，又牵扯出当年“附逆作乱”的旧事，当即就给李白吃了闭门羹。

之后的时光，李白为了生计，四处辗转。他重游南陵，走过江淮，跨过泾县，登上敬亭山，他把自己年轻时走过的路都重走了一遍，他在那些似曾相识的山山水水中寻找着自己的踪迹，也寻找着那些年强盛的大唐王朝的影子。

一路的颠沛流离，一路的呕尽心血，李白走完了一圈，却发现天地之大，竟然找不到自己的容身之处。思来想去，还是只能回了当涂。李阳冰虽然已经离去，幸而旧时的门生幕僚到底没有忘却旧情，他们记着李阳冰走时的一再叮嘱，常常资助李白一些钱财，又打点了一家盐场，在那里为李白的儿子伯禽安排了一份差事，收入虽然微薄，却好歹够他们勉强度日了。

生计问题虽然解决，但李白却清楚，自己的心早已经被逼到了绝境，生若无欢，死又何惧。

这年秋末时分的当涂，树黄草枯，落叶纷飞，飒飒的秋风仿佛一声声悠长的叹息。李白去邻家勉强借了些钱，拿去酒家打了壶酒，一路豪饮狂歌，迷蒙间走到了当涂外的一条小河边。此时的李白依然穿着一身白袍，只是当初的飘逸早已没了踪影，衣衫上不知从何处沾染了尘土，还不伦不类地打着许多补丁。

醉眼蒙眬的李白走到河边，只见清澈的河水上影影绰绰地映出了自己的倒影，但那人影与自己虽然有十分神似，却又大不相同，是啊，看那疏朗而又英气十足的眉眼不正是自己吗？

影中的人乌黑的头发束于头顶，高冠博带，虽无半分装饰，却有着十分的气魄。影中的那人身后，有着湛蓝的天空，天空下大唐王朝的子民们安居乐业。田间的稻谷堆得仿佛一座座小山，黄发垂髫的儿童正嬉戏其间。这不正是李白魂牵梦萦、毕生追求的吗？这位面容枯槁的老人突然焕发出了青年人的神采，他振臂高歌：

大鹏飞兮振八裔，中天摧兮力不济。

余风激兮万世，游扶桑兮挂左袂。

后人得之传此，仲尼亡兮谁为出涕？

这就是李白的《临路歌》，这就是他的绝命词！

一代诗豪李白，最终离开了人世。当涂边上的那条小河，用自己的川流不息记载了这位伟大诗人一辈子的辉煌与落寞、梦想与执着。它叮叮咚咚、日夜不休地低语，把有关那位白袍老者的一切诉予后人。

后　记

床前明月光，疑是地上霜。举头望明月，低头思故乡。

——《静夜思》

今夜的月光格外迷人，不知与当年李白《静夜思》中的明月是否一样。当我追随着诗仙的脚步，重新温习他的放达一生，不禁深深地陷入沉思。与李白再次相遇在这篇文章中，他的人生历程令我着迷。

记得年幼时，第一次接触到李白的诗歌，是那句“飞流直下三千尺，疑是银河落九天”。当时的我恍惚间以为，写下这首诗的定是今世下凡的仙人。后来我才知道，李白竟然真的被称为“谪仙人”。

那千尺白练、九天银河，让我第一次见识到了诗仙李白天马行空般的想象力。

读得李白的诗歌越多，接触到的他的世界越广，也越能认识到一个崭新的、全面的李白。一个真实而充满悲意的诗人形象也越发清晰。

在众多文人写过的赞颂李白之语中，我最欣赏的还是当代诗人余光中先生的那首《忆李白》：“酒入豪肠，七分化作月光；剩下的三分，啸成了剑气，袖口一吐，就是半个盛唐。”那般豪放张扬的姿态，渗透在李白人生的每一个角落。

天性浪漫的李白，一直苛求着生命的完美形态。他想从人生的各个角度上求得成功，而在现实面前，这般十全十美的人生模式必将惨遭各种挫败和折磨。来自于四面八方的人生境遇，拉扯撕裂着李白的性格，却也造就了他异于常人、超凡脱俗的气质。

“路漫漫其修远兮，吾将上下而求索。”满怀理想的求索之人，在看似风光表现的背后，却默默忍受着常人无法理解的悲哀和苦痛。

斯人已远去，留给后人的是无限的慨叹和遐想。